まるごとわかる！
庭づくり DIYの基本

―塀や排水溝のつくり方から植栽・工作物まで―

荒井 章 著

───── 本書の利用方法 ─────

- ■ 各章は「基本作業」と「応用例」から構成されています。
- ■ 基本作業は、道具の使い方、作業や材料の基礎知識を知るページです。
- ■ 応用例は、作り方や作業についてより具体的に解説したページです。
- ■ 応用例だけ読んでも作れますが、基本作業と対照すれば、コツがよくわかります。

本書は2008年発刊『自分でやる庭づくり大全』(小社刊)を改訂のうえ再編集したものです。

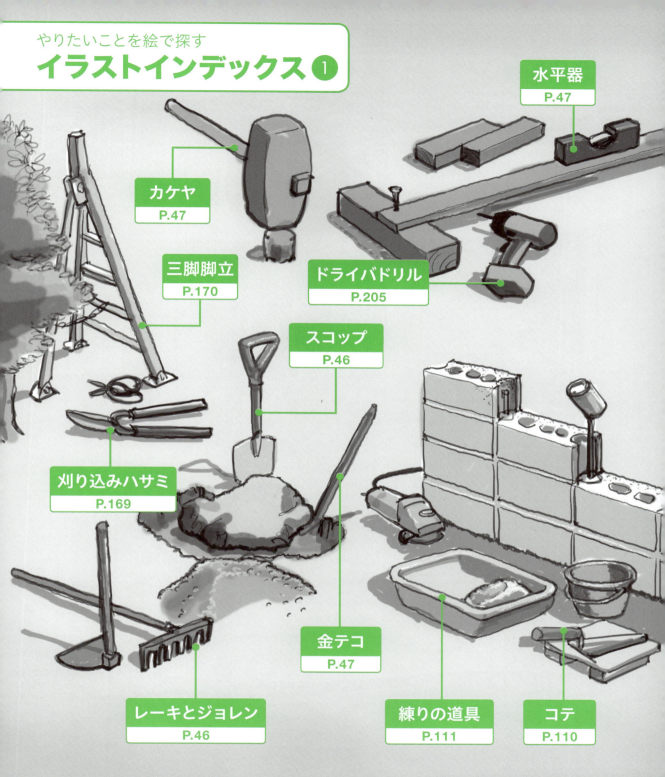

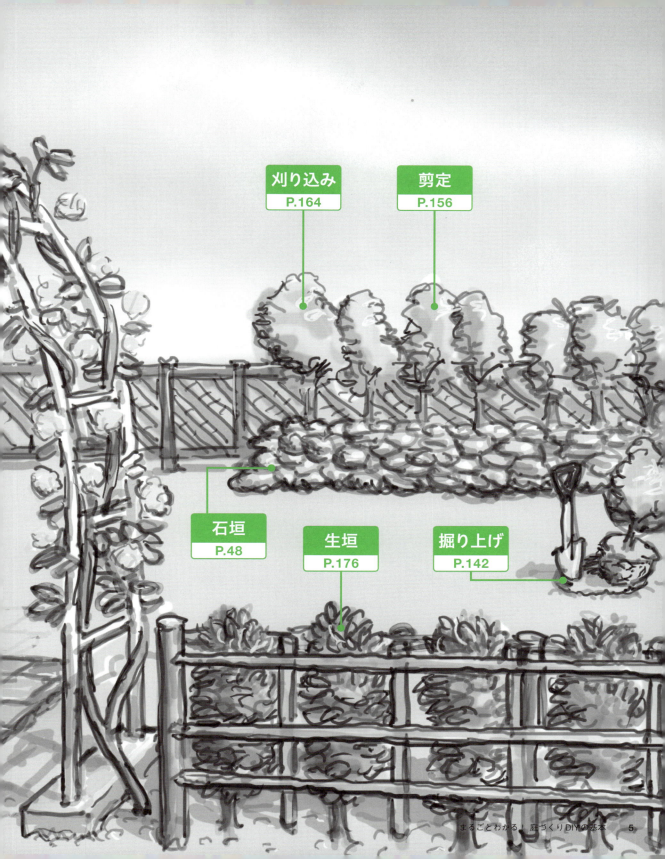

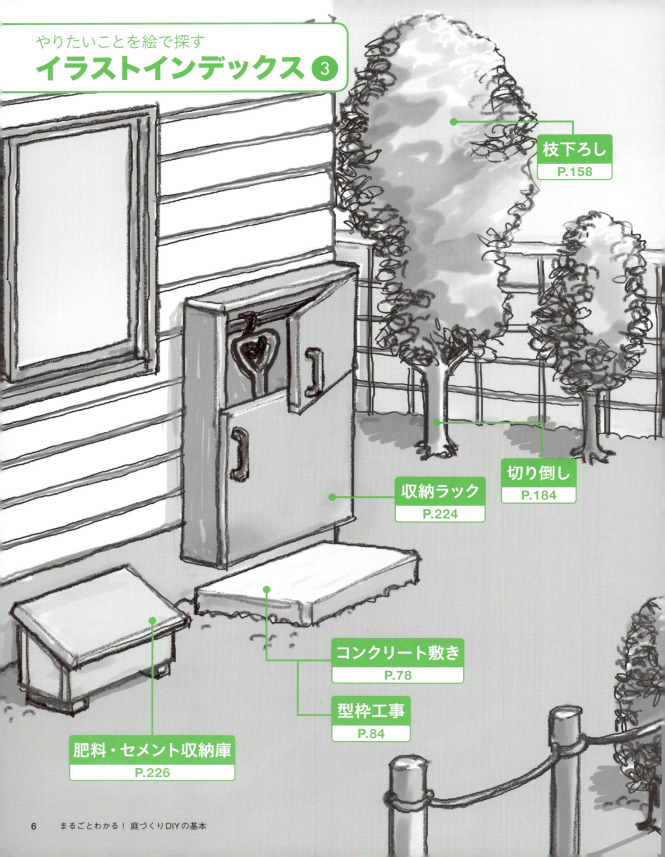

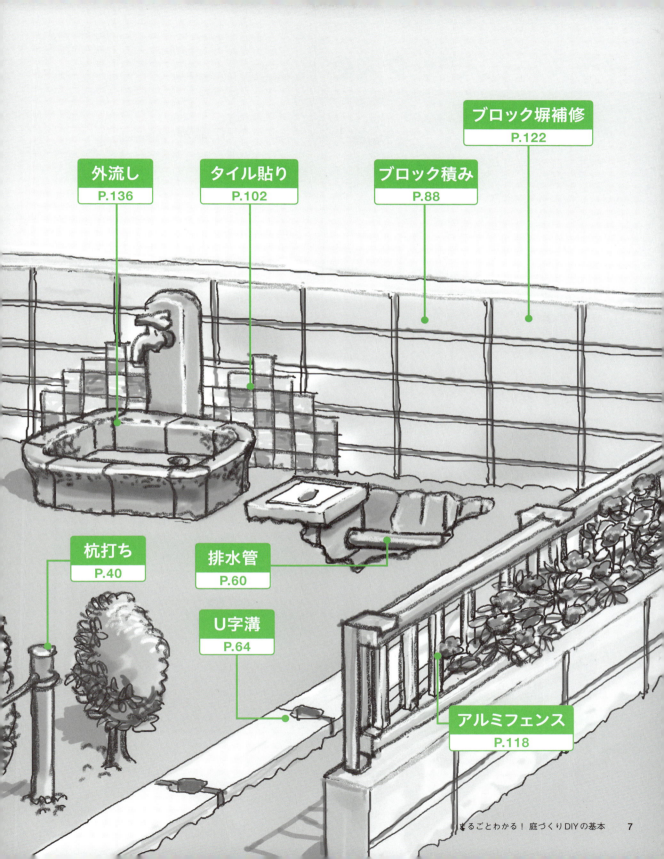

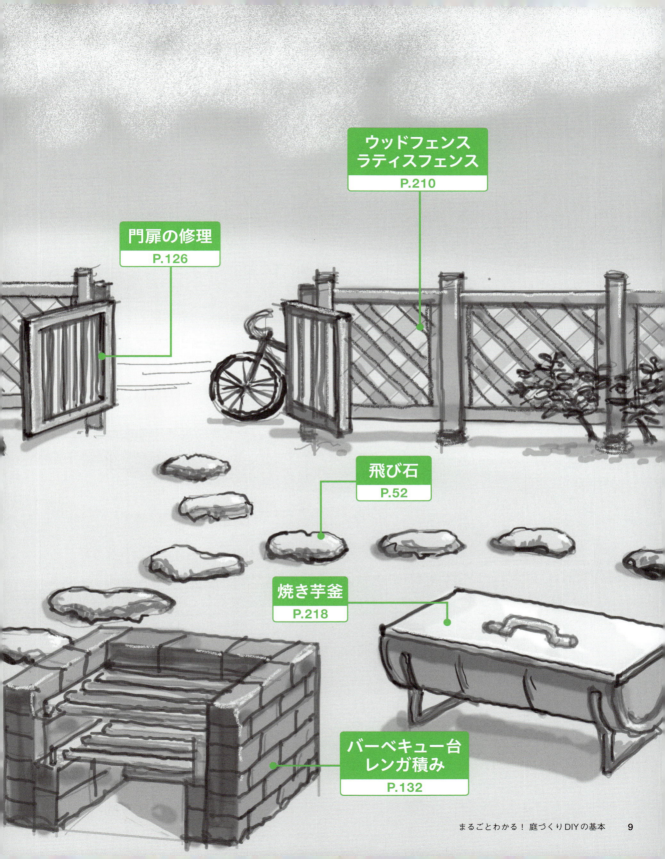

まえがき

本書は庭に必要な工事を、自分で行うための解説書です。広い庭でも狭い庭でもOK。樹木の植え付けから塀の施工や修理、ガーデンテーブルの制作までを詳しく見て行きます。つまり庭を丸ごと作って楽しむための本です。

■ 思いどおりの庭を作る

　庭づくりと言うと真っ先に花壇の花や、樹木が茂る姿を連想することでしょう。立派な花壇はやはりすてきです。でも本来「庭」とは、部屋でできないことをして楽しむ場所です。植物を育てる楽しみはその代表的なことですが、他にも愛犬と遊ぶ芝生、日光浴ができるベンチも大切でしょう。車庫にしても大切な庭の機能です。また日曜大工を楽しむ方は、その作業場にもなります。工作物が主体の庭もありです。「こんな庭って見たことがない」。そんな欠点や不釣り合いがあっても、本人にとって心地よい庭であれば、これもひとつの姿です。

　自分で作業すればできます。またいくらでも作り直せます。形式や作法にとらわれない、自由に思い通りの庭を作ることを考えてみましょう。そんな時に役立つヒントがいっぱいです。

■ 道具を使いこなす

　庭に高低差を設けたり、塀やバーベキュー台を作ったり。そんな大掛かりとも思える作業は、道具しだいでできます。手軽な道具ですむのがラクとは限りません。むしろ本格的な道具を使えば、便利ではかどります。特に地面を掘る土工用の道具、セメントを使う左官道具などはプロの知恵が詰まっています。ぜひ使いこなしてください。本書ではこうした道具の使い方、選び方も詳しく解説しています。そして市販にない道具は、自分で作る方法も紹介します。

■ 植物と工作物を調和させる

　庭を思いきり楽しむにはガーデン家具。ベンチやガーデンテーブルなどです。木材や

鋼材で作ってみましょう。そしてブロック塀もきれいにしたい。これも庭の大切な要素。補修も、新しく作るのも自分でできます。そして作ったものはやはり長持ちしてほしいものです。木製の作品を陽に当て、土の上に置くと傷みます。また鉄部分はサビから守りたい。そんな切実な問題ほど、詳しく解説しています。庭は植物だけが主役ではありません。工作物と植物が一体になった庭を作る工夫も見ていきましょう。

■ 樹木と付き合う

　庭に潤いを与えてくれる樹木。剪定も植え替えも自分でやりたいものです。大きな木でも、最初から自分で仕立てていれば、大きくなって手に負えなくなることはありません。樹木も生き物なので、数年ほど生長を見守っていれば個性がわかってきます。いつも付き合っているからこそできることです。これが一発でキメるプロの庭師とは違うところ。ぜひ自分でやってみてください。

　では重い株をどうやって運ぶか、どこに着目すれば枝振りがわかるのか。そんな切実な作業をリアルに解説します。ただし本書は個々の樹種よりも、基本作業に重点を置いています。植え替え時期や剪定の耐性は樹種によって違うので、重要な庭木については、この本の他に樹種に合った本を併読してください。

■ 庭は移り変わる

　完成した庭はその翌日から維持管理が中心になります。雑草取りや塗り替えも待っています。そうした庭の完成形を守ることよりも、逆に移り変わるものとしてとらえたほうが楽しいでしょう。例えば5年後には、古木は若木へと更新になり、家族の成長に伴って車庫が増えたり要らなくなったり。庭の模様替えも楽しいものです。計画に盛り込んで、作り続ける庭を提案します。

　本書では作業の状況が想像しやすいように心がけました。思い描いてみて、もし自分に不向きな作業があれば、ムリせずプロに依頼してください。また、ケガのないよう、充分な用意をして庭づくりをお楽しみください。

荒井　章

まるごとわかる！庭づくりDIYの基本
CONTENTS

本書の利用方法 …………………………………… 2
イラストインデックス …………………………… 3
まえがき …………………………………………… 10

第1章　庭づくりの楽しみ

形式よりも好みで ………………………………… 16
樹木を育てる ……………………………………… 18
ライフステージで変わる庭 ……………………… 20
安全がいちばん …………………………………… 22
庭の計画を立てる ………………………………… 24

第2章　土を楽しむ

土を楽しむ ………………………………………… 30
| 基本作業1 | 穴掘り …………………………… 32
| 基本作業2 | 土決め …………………………… 36
| 基本作業3 | 土ならし ………………………… 38
| 基本作業4 | 杭打ち …………………………… 40
| 基本作業5 | 土留め …………………………… 44
| COLUMN 1 | 使いたい道具 …………………… 46
| 応用例1 | 石垣を作る ………………………… 48
| 応用例2 | 飛び石を敷く ……………………… 52
| 応用例3 | 池を作る …………………………… 54

| 応用例 4 | 排水管を埋設する …………………………………… 60
| 応用例 5 | U字溝を敷設する …………………………………… 64
| COLUMN 2 | 少しずつ作る庭 …………………………………… 66

第3章　セメントを使う

| セメントを使う …………………………………………………… 68
| 基本作業 1 | モルタル練り …………………………………… 72
| 基本作業 2 | コンクリート敷き ……………………………… 78
| 基本作業 3 | 水盛り遣方 ……………………………………… 80
| 基本作業 4 | 型枠工事 ………………………………………… 84
| 基本作業 5 | ブロック積み …………………………………… 88
| 基本作業 6 | ハツリ …………………………………………… 94
| 基本作業 7 | レンガ積み ……………………………………… 96
| 基本作業 8 | タイル貼り ……………………………………… 102
| COLUMN 3 | 使いたい道具 …………………………………… 110
| 応用例 1 | ブロック塀を化粧する ………………………… 114
| 応用例 2 | アルミフェンスを建てる ……………………… 118
| 応用例 3 | ブロック塀を補修する ………………………… 122
| 応用例 4 | 門扉を直す ……………………………………… 126
| 応用例 5 | アプローチの敷石を作る ……………………… 128
| 応用例 6 | バーベキュー台を作る ………………………… 132
| 応用例 7 | 外流しを作る …………………………………… 136

第4章　樹木を育てる

| 樹木を育てる ……………………………………………………… 140
| 基本作業 1 | 掘り上げ ………………………………………… 142
| 基本作業 2 | 植え込み ………………………………………… 146
| 基本作業 3 | 植物に適した土作り …………………………… 150

| 基本作業 4 | 剪定 …………………………………… 156
| 基本作業 5 | 刈り込み ………………………………… 164
| COLUMN 4 | ハチの巣退治 …………………………… 167
| COLUMN 5 | 使いたい道具 …………………………… 168
| 応用例 1 | 建物にかかった枝を下ろす …………… 172
| 応用例 2 | 生垣を作る ……………………………… 176
| 応用例 3 | 種から育てる …………………………… 180
| 応用例 4 | 切り倒す ………………………………… 184
| 応用例 5 | 切った枝を整理する …………………… 188

第5章　庭の工作物を作る

庭の工作物を作る ……………………………………… 192
| 基本作業 1 | 木材の加工 ……………………………… 194
| 基本作業 2 | 鋼材の接合 ……………………………… 198
| 基本作業 3 | アーク溶接 ……………………………… 200
| COLUMN 6 | 使いたい道具 …………………………… 205
| 応用例 1 | ベンチとテーブルを作る ……………… 206
| 応用例 2 | ウッドフェンスを作る ………………… 210
| 応用例 3 | パーゴラを作る ………………………… 214
| 応用例 4 | 石焼いも用の釜を作る ………………… 218
| 応用例 5 | アーチを作る …………………………… 220
| 応用例 6 | 収納ラックを作る ……………………… 224

あとがき …………………………………………………… 227
INDEX（索引）…………………………………………… 228

第1章
庭づくりの楽しみ

CONTENTS

形式よりも好みで ………………………………… 16
樹木を育てる ……………………………………… 18
ライフステージで変わる庭 ……………………… 20
安全がいちばん …………………………………… 22
庭の計画を立てる ………………………………… 24

第 1 章

形式よりも好みで

庭に理想のモデルはありません。自分のスタイルで、自由に遊んで使える庭がいちばんです。風と日光が楽しめる心地よい空間にしましょう。自分の庭だから自分の好みのままに。その「好み」をじっくり考えてみましょう。

第1章 庭づくりの楽しみ

◯ 庭に求めるもの

　庭でしたいことは人によってさまざまです。例えば遊ぶための場所。犬とたわむれ、キャッチボールをするのは格別の楽しみです。また洗濯物を干すための場所。あるいは日曜大工の作業場所。庭でする作業は気分がよいものです。そして草花が好きで、庭中に花を咲かせたい人も多いでしょう。野鳥がやって来るのが楽しみという人も。どれも魅力的です。部屋ではできないことをして楽しむ場所が庭です。誰でもみな、したいことがあって庭を作り上げます。

　そんな時、日本庭園や洋風庭園のルールを当てはめる必要はありません。自然を凝縮した風景や、部屋から見た配置のバランスも、そして庭を歩いて見た時の立体感も、絶対に必要というものではありません。これらは真っ先に「景観」としての庭を求める姿勢です。そこから発想を始めては制約にとらわれやすく、類型的になりがちです。何よりもそこに遊ぶ人間が主人公になれません。また隣家よりも花が少なくても構いません。安全で心地よいものであれば、結果として風変わりな庭になってもいいではありませんか。立派さよりも、いかに楽しめるかが問題です。自分の思いのままを実現しましょう。

庭でしたいこと

遊びとスポーツの庭

植物を育てる庭

○ ねらいをはっきり

　あれもこれもと盛り込んでいくと、庭はいくら広くても足りません。本当に実現したいことは何でしょうか。これが決まっていないと、庭は雑然として使いにくくなります。逆に芝生を張っただけにもなりがちです。また、見映えだけを求めた庭でもつまりません。客観的にきれいな庭である必要はありません。必然性や理由があれば、それを基にわが家らしい庭が作れます。そこに心地よさがあります。庭でしたいことは何なのか、家族で充分に話し合ってみましょう。

　例えばペットと遊ぶ庭。そのために犬小屋があり、芝生スペースがある。そしてベンチといった具合。ペットが軸になったテーマです。これのために、洗濯干しのスペースがベランダに持っていかれても納得でしょう。一方、植物をたくさん植えたい場合も、テーマを持ちましょう。育てること自体が好きな人は、庭全体に茂っても楽しめます。しかし庭を飾るためであれば、植栽スペースを区切っておかないとうっとうしく感じます。こうした行き方の違いがあるからです。

○ 来客になってみる

　自分の思い通りにできた庭が、他人からはどう見えるか。ちょっと気になるかもしれません。来客になったつもりで門から入ってみるとよいでしょう。また通りから眺めるのも。この場合、立派さや庭の形式に当てはまっているかではなく、来客が気分よく入れるかがポイントです。表札やサインがはっきり読めて、ちょっと目に止まる花か作品がひとつ。「みごとなバラですね」とか、「かわいいポストですね」といった会話から始まりそうなら最高です。楽しく迎えられる庭になっています。逆に閉鎖的で高い塀や、物陰が多い入り口は敬遠されます。また歩きにくいアプローチは困りものです。それらは避けるとして、他は自分のあるいは家族の好みの通りに仕上げます。少なくとも門を間違えても気がつかないような、類型的な庭ではつまりません。来訪者にとっても、むしろよその庭とは違う個性こそが楽しみです。

来客のつもりで入ってみれば……

第1章

樹木を育てる

草花もいいけど、庭の魅力は樹木が決め手。なぜか庭がぐっと落ち着きます。狭い庭だからと諦めることはありません。タテに伸びるから場所は取らず、むしろ狭い庭にこそお勧めです。樹木の魅力と育てる楽しさを見てみましょう。

◯ 庭の雰囲気は樹木で

　1本の樹木が庭を落ち着いたものにします。同じ植物でも、草花では得られないものがあります。幹が太くて安定感があるだけではなく、年輪を刻みながら生長してきた年月を感じるからでしょう。空を見上げる気分も生まれ、そして豊かに茂った葉は夏の木陰を作り、また落葉樹は折々の季節を教えてくれます。

　庭の中で自然と目に止まる大きな樹木はシンボルツリー。庭の風景を引き締めてくれます。庭で一番大きいというだけでは物足りないでしょう。親しみや存在感がシンボルツリーの条件です。無表情なコニファーや針葉樹などではなく、柿や月桂樹、キンモクセイなど、ひと目で樹種がわかる特徴的な木が主役をつとめます。もちろんお気に入りの樹木であることがいちばんです。それだからこそ自分の庭らしさが出てきて、気持ちの充実感や安心感が得られます。また木登りや果実を採る楽しみにもつながれば、かなりのぜいたくです。

　古くからある広い庭では巨木があって、それを中心に屋根も通り道も避けてできているのを見かけます。樹木に愛着があれば多少の不便は我慢できるという例です。まあこれは極端かもしれません。

1本のシンボルツリーが庭を引き締める

◯ 自分で剪定

あまり大きくなっては困るから、樹木は植えないという方には大木にしない育て方もあります。自分で剪定や枝下ろしをすることです。それさえできれば、狭い庭でも通路でも植えて楽しめます。

剪定の基本はいくつかあっても、最終的には好みでOKです。毎日見守っている木なら、試しながらでもできます。剪定したら翌年に樹形を観察。木は葉の色、実や花つきで答えてくれます。いわば木と相談しながらの付き合いです。

剪定や枝下ろしは、風通しを良くして虫害を防ぎ、樹木の生長を助けます。もう一面では、庭や建物の管理上の都合で切ります。どちらの考え方に立ってもよ

狭くても植えられる

く、両方とも必要なことです。では建物にかかる樹木は、枝を払うか植え替えするか。これは人間側の都合です。ただ樹木がその場所や土を気に入っているなら植え替えず、変則的な樹形になってもいいから枝下ろしにしましょう。これも共存していく、ひとつの方策です。

植え替えも自分でできます。種類にもよりますが、樹高1mまでなら割合手軽です。ひとつの庭の中にも場所ごとの気候があり、建物でできる日陰や回り込んでくる風が日照や気温を変えます。その気候を把握できるのは、やはり普段から植木の世話をしている本人です。よそから大木を運んで来て植えるよりも、若木が庭のどこを気に入るか試しながら植え替えるほうが楽しめます。

剪定で樹形が整うのは樹高1.5m。枝が豊富になったら剪定を始めます。3mになっても、脚立とノコギリがあれば自分で剪定できる楽しい時期です。同時に将来の樹高を決めます。これが7mともなると、庭木としては管理の限界です。そうなる前に、毎年の枝おろしで整えましょう。さらに更新も予定に入れます。古くなってもろい幹はいったん切り倒して、根元から新しい幹を出させます。その若い幹が育つまで、隣に別の樹木を茂らせましょう。このように5年10年単位で計画するのが、樹木との付き合い方です。

小さい木のうちから剪定

ライフステージで変わる庭

これで完成と思った庭も、年月とともに使い勝手が悪くなってきます。けっして手入れをサボッたからではありません。好みが変わり、庭に求めることが変わってくるからです。そんなことも織り込んで、庭を考えてみましょう。

○ 好みは変わる

　部屋に模様替えがあるように、庭も雰囲気や配置を変えたくなることがあります。スポーツ主体の庭を花壇中心にしたくなったり、開放的な庭をプライバシー重視にすることもあります。模様替えほど一気に変わるものではなくとも、庭の好みや使い方はしだいに変わるものと考えたほうが自然です。それに花を育てていれば庭に合った植物がわかってきて、好みや植え方も変わるでしょう。

　子供の成長に伴って、親同士の付き合いも変わります。ブランコやバーベキュー台ができたりいらなくなったり。車庫ではクルマがだんだん大きいサイズになり、台数も増減します。大きく場所をとっている車庫があるとなしでは庭は様変わりします。自転車やバイクの台数も同様です。建物の増改築でも庭に変化が起きます。家屋を自分で補修する人は作業場所や道具の収納場所も必要です。

　少し年をとってきたら、手入れに体力を必要としない庭に変えていくほうがいいでしょう。高い樹木はやめるか、プロに任せることにします。代わって手が届く範囲での植物を楽しみます。そしてベンチなどのくつろげるものが主体。庭はこれで完成というものではなく、しだいに移り変わっていくものです。

クルマは増えたり、やめることもある

◯ 移り変わる庭がいい

　庭を移り変わるものとして考えていけば楽しみが増えます。植栽スペースもバーベキュースペースも、まったく動かない固定的なものとは考えず、年代や趣味の変化に合わせて流動的にするのがいいでしょう。もし一気に庭全体を変えるなら、プロにお願いすべきです。そうすれば確実にバランスのよい庭を考えてくれます。また工事で廃材が多量に出ても処理に困ることはありません。しかしここでお勧めしたいのは、自分で少しずつ変えていくことです。それまでに庭の作業でわかったことを生かしながら。例えば池を改修するついでに、通路を整えるなど。しかし植物が気に入っている場所は確保しておき、くつろげるベンチはそのままにするといった具合です。使い勝手が悪い部分だけを改造しましょう。

　庭の自由度を優先するといっても、ただ置くだけのものを主体にすると、庭としての落ち着きがなくなってしまいます。折りたたみのベンチやコンテナ植えばかりでは、仮置きのようなイメージになりがちです。やはり要所はレンガや鉄材で、どっしりと据え付けた存在感を出す必要があります。レンガやブロック積みも、始めてみれば結構楽しめる材料なので、ぜひ使ってみてください。そしてフェンスやデッキなど、たびたび改造したい工作物であれば木材が適します。この使い分けをしておけば、変化にも対応しやすくなります。

　コンクリート敷きはよく将来を考えてから。通路や車庫をこれで固めれば、ぬかるむこともなく雑草も生えない管理がラクな場所になります。その反面、いったんそうしてしまうと、もし変更してもそこには植物が植えられず、杭も打てない場所になります。コンクリートをはがすとなったらひと苦労。代わりに敷石などでもすむなら、そのほうが将来的に自由度があります。

　自分でやる楽しさは、成り行きやアドリブで思いがけないことができることです。その経験がさらに自由な発想を生みます。例えば使わなくなった車庫をパーゴラに仕立て直したのが、左ページの図です。そこまで見越して建てたわけではないのに、何とかなった感じ。車庫のイメージをどれだけ変えるかといった味付けが工夫のしどころです。将来を計画に入れるのも、アドリブで進むのもOK。管理するだけの固定した庭ではなく、常に工夫を加えてさらに楽しい庭に発展させていきましょう。

趣味が変わったら改造を

第1章

安全がいちばん

どんな庭にするのも好みしだい。でも安全だけは確保しましょう。いつもの慣れている場所だけに見逃しがちです。ここで提案するのは問題点の探し方とチェック項目。一度隅々まで点検してみてはどうでしょうか。

◯ 安心して歩けるように

　庭でくつろげるのも、安全であればこそです。つまずきやすい石や、滑りやすい階段は困りもの。また建物の角を曲がった直後に出っぱりがあってはかないません。転んだり引っかかった場所は、くり返し同じことが起きます。

　植物が好きな人にとっては、場所さえあれば樹木や草花を植えたいものです。通り道は狭くなりがち。普段はゆったり歩く庭でも、電話に呼ばれれば走ることもあります。また大きな荷物をかかえている時は、足元の障害物は見えません。

　また来客が枝を避けながら入るのでは困ります。本人は慣れていても、初めての訪問者に気を付けて歩いてというのは無理。ここはまたいで行くとか、必ず手摺りにつかまるといった制限や説明を付けても守れません。大切な植木でも、苦労して作った庭でも、その結果で人間がケガをするわけにはいきません。通れればいいのではなく、転ばない安全な通路が必要です。

通路だけは確保したい

⬤ 雨や雪の日によく観察

　雨が降ったら庭の手入れは休み。でもそんな日こそ庭の状態を観察しておきたいものです。傘をさして庭に出てみましょう。普段わからない問題点が見つかります。水はけの具合や水溜まり、崩れた場所、U字溝や排水口の詰まり。これらは実際に水があふれて流れているからこそ発見できます。雨の中では処置も大変。むしろ棒で突いたりして、現象を把握することに専念したほうが効果的です。またタイルの階段は特に滑りやすくなっています。どこに滑り止めを付けるか検討しておきましょう。水の流れを追えば、庭全体の勾配も見えてきます。もしかしたら排水口が周りよりも高い場所になっているかもしれません。ついでに建物では、雨といや集水器からあふれていないかも見ておきます。

　雪の日はさらに歩きにくく、池がおおい隠されていたり、通路の境目もわかりません。もっと大きな縁石にしておけばよかったと思うことでしょう。溶けた雪は枝を曲げ、雨といを圧し下げているかもしれません。溜まった雪がドサッと落ちる場所は通り道にかかっていませんか。さらに台風の場面も見ておきたくなりますが、この場合は部屋にいるほかはありません。ただ雨や雪の日には写真を撮っておくことをお勧めします。これが対策の作業をする時に資料となります。晴れた日に庭に出ても、雪の落下箇所や水溜まりの位置は思い出せないからです。

雪の日に危なかった場所

⬤ 建物の裏側も忘れずに

　たいがいの家には、建物の裏側にも通路ほどの庭があります。ここは何となく要らないものを積み重ねたくなる場所です。そうしていると、しだいにつまづきやすくて近づきたくない、ゴミ捨て場のような場所になってしまいます。こうなるとなかなか元には戻りません。「裏側」という意識ではなく、機能的な小庭として利用しましょう。古い電気製品や家具、工作の材料などで、すぐに使わないものならば、棚や収納庫を用意して整理しましょう。さらに日陰に強い植物を植えれば、常にきれいにしておきたい気分にもなります。またプロパンガスのボンベを置いている家では、ガス屋さんの通路になります。運搬用のカートが安全に通れるように平らで、ある程度の幅を確保しておきたいものです。

　この場所は防犯にも配慮が必要です。あまりプライバシーにこだわっていると、高い塀で囲んだり、植物でおおいたくなります。しかし防犯の面では、むしろドアや窓は道路からよく見えるほうが有利です。あまり物陰は作らないように。その点でも、あまりものを置き過ぎるのはよくありません。ドロボーが作業したり、逃げ場となる環境を作らないことがポイントです。

第1章

庭の計画を立てる

個々の場所を改造してもまだ気に入らないとしたら、別の考え方に立つ必要があります。図面を描いてみませんか。知り尽くしている庭なのに、思いがけないことが発見できます。図面は新しい発想を引き出すための道具です。

◯ 現況図を描く

　庭の中の配置を変えたい時、最初から棒で地面に線を引いても頭はまとまりません。庭全体を把握するには現況図を描くのがいちばんです。まず現在の敷地の形と寸法、建物の輪郭を測って描き込みます。縮尺は1mを2cmに表すのが実用的でしょう。そして計画に影響がある水道管、排水管、U字溝、マンホール、ガス管などの埋設物、大木や動かせない工作物も描き込みます。水道の立ち上がりなど、利用できる設備も大切です。通路幅は正確に、他は50cm以上狂わない程度。タテ長の車庫をヨコ長に描いたり、通路の真ん中よりも右寄りにある下水管を左寄りに描かなければOKです。植物を植える計画であれば、日陰の範囲も描き込みます。軒下に工作物を考えている場合は、建物の窓位置も計画の条件になります。さらに水たまりの場所など、問題点も示しましょう。

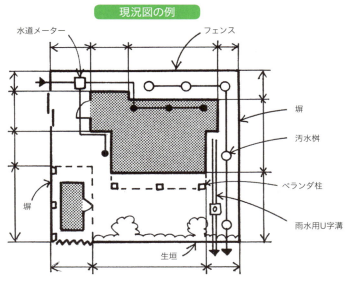

建物の角などを基点に測って、通路幅や長さを記入する。あとで工事の支障になる埋設物の位置をはっきりさせておく。

できた図面を見ていると、庭にいる時とは違った発想が湧いてきます。庭全体をとらえることができ、問題点を総合的に解決する視点に立てるからです。しかしプロのように、寸法に厳密な図面作りをし始めると大変なのでほどほどに。ブロックなど、材料の必要量は改めて実地に測るつもりでいましょう。この現況図ができれば、このあとの検討の下敷きになります。

◯ 動線・視線を点検

庭にはすでにいつも歩くところができています。角は丸く通り、広い場所を近道しながら歩く道です。例えば敷き石があっても、それをはみ出して無意識に歩いてしまう道。これが動線です。それを描き込んでみれば、歩きやすい道かどうか、そして変えるべきかどうかの検討に役立ちます。工作や洗濯物干しなどの作業なら真っすぐ短い動線にしたいところですが、庭を楽しむなら長くて曲がった動線もいいものです。急に曲がったり滞る線なら、付近に障害物がありそうです。使いにくい場所になっていませんか。点検してみましょう。

何を見ながら歩くか。目に止まるものは何か。これが視線です。アーチやベンチに視線が向くのは楽しい庭ですが、室外機やブロック塀が目立つのでは困ります。また来客と家族では、関心が違うので視線も違ってきます。どちらも視線図として描き込みます。そして隣家からの視線はやんわり遮りたいもの。逆に庭から見て目障りなものを隠したいという視線もあります。動線図と視線図は庭の構想を立てたり、広い範囲を改造する場合に使う、現状把握のための図面です。プランはまだ描き込みません。小規模な工事なら不要ですが、庭を客観的に考えられるので、時々描いてみることをお勧めします。

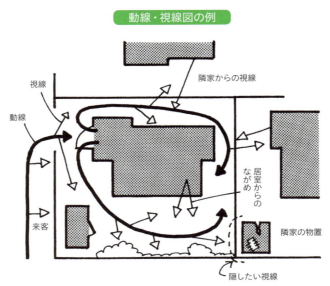

歩きにくい所や目障りなものを点検する。普段歩いているとおりに、そして来客になった気分で描き込む。

◯ 庭でしたいこと

　ここからは庭でしたいことの計画。それはいろいろあるでしょうが、ひとまず「植物」か「遊び」か、そして「家事」の場所かの3分類にしてみます。重点は何か、その比重を図のように丸の大きさで表せばはっきりします。これがほぼ庭のスペース配分です。また丸が重なっているほうが無理のない庭になります。

　例えば植物を育てることそのものが趣味であれば遊びの場所と考えます。しかし庭の装飾とするなら、そのほかに遊びの場所が必要です。何を充実させるか、家族で話し合ってみましょう。場所が足りなければ何かを削らなければなりません。家庭菜園は、食生活に彩りを添えるためのものです。でも農作業をスポーツと考えるなら、市民菜園を借りてもいいでしょう。クルマも同じ。電車に代わる交通手段であれば、月極めの駐車場という手もあります。買い物で荷物の積み降ろしが多い場合、また洗車や手入れが楽しみなら庭にほしいといった具合です。

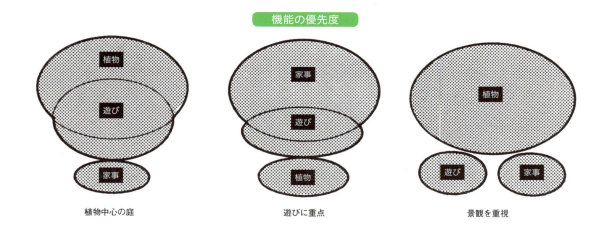

植物中心の庭　　　遊びに重点　　　景観を重視

◯ ゾーニング

　庭にはいくつかの用途がありますが、その用途や機能ごとに適した場所があります。大づかみに適地を割り振るのがゾーニングです。子供が砂遊びやプール遊びするなら、真ん中の広いところ。部屋からも目が届く範囲が安心です（次ページの図）。ペットと遊ぶのもこの広い場所で、遊びのゾーンになります。ただ犬小屋は玄関に近い、人の出入りが見える場所のほうが適します。番犬だからではなく、外出の行き帰りに家族の顔が見えないと愛犬が寂しがるからです。

　草花を庭のメインとして最優先に楽しむなら、真ん中に花壇を置くのもよいでしょう。しかし一般には塀やフェンスから手前に広げる形です。これなら傾斜や段を設けて立体的な庭が演出できます。ただし植える場所としては、なるべく下水管などの埋設物を避けます。また遊びゾーンとの間にテーブルやベンチを置けば、植物とも遊びとも融合したくつろぎの場になります。関連したことは近くにまとめ、使う時間帯が重ならなければひとつの場所で収めるなど、有機的につなげていけば場所はと

らず、むしろ楽しい多目的な庭になります。

　家事ゾーン。洗濯干し場は日当たりと風通しがよく、建物への出入りがしやすい場所を選びます。ベランダで干すのが普通になった今では、ぜいたくな使い方でもあります。日曜大工の作業場、園芸器具の収納場所などは、軒下が便利です。作業台はコンテナ植えの作業などにも共用できます。水道の立ち上がりがあれば、収穫物や大掃除の時の洗い場に使えます。地表に散水栓だけであれば排水管はないので、必要に応じて工事を依頼するとよいでしょう。家事作業はこうした設備の配置に合わせてゾーンを決めるのがよいでしょう。

　元の現況図がある程度正確ならスケール感がつかめ、置けるテーブルの大きさや、通路がどれだけ確保できるかも読めます。だからと言って、図面上で寸法の矛盾なく完成させる必要はありません。逆に必要なブロックの数まで割り出してしまうと、もはや構想ではなく物理的な問題解決になりがちです。つまり「収まればいい」式の区画になってしまいます。ゾーニングは発想やイメージを定着させるための交通整理と思ってください。紙の上でいくつかの案に分けて描いておくのが理想的です。何を優先するか、何が魅力の中心か、どこが便利か、求めていることを明確にしておきましょう。計画の意図と方針がはっきりすれば、この後の判断も実際の作業もスムーズになります。

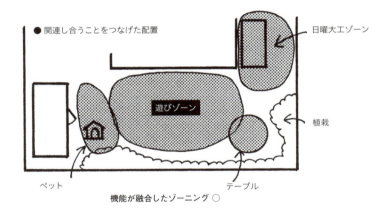

ゾーニングの例

◯ 実地で確かめる

　ゾーニングした計画図を基に庭で検討します。実際に歩きまわったり建物に出入りしたり。そして来客の気分になるのも有効です。目印のために地面に線を引き、ダンボール箱を樹木や工作物に見立てて置いてみると実感がつかめます。便利になると思ったことが、かえってじゃまになることも結構あるものです。しかし、それがまた新しいアイデアを生みます。

　視線も確かめることができます。フェンスの向こう側は隣家の裏側。目障りなものが見えてきます。ベンチに座った正面が隣家の屋外機、ゴミ、換気扇などではがっかりです。また窓からの視線と合うようでは落ち着きません。これも平面図だけでは見落としがちです。植木や工作物で隠すなどの処置も盛り込むことになります。さらに植木が高くなったら、車庫が増えたら、といった将来も予測してみましょう。工作物であれば、レンガで永久的なものを置くか、木製にして改造や移動ができるようにするかも考えておきます。これらをもう一度図に描き込んでいけば、かなり現実的な計画になります。

◯ 実現のために

　庭の工事を始める前に、もう一度ねらいをはっきりさせておきます。やり始めれば、あれもこれもと手を出したくなって区切りがつきません。例えば「水たまりをなくして、歩きやすい飛び石を敷くまで」といった具合。気持ちとしては庭全体がきれいになるまででしょうが、それではいつまで経っても満足できません。切実なことから、ひとつずつ完成させましょう。完成後に様子を見て付け加えるのは、いくらやってもＯＫです。

　予算は早めに把握したいもの。実際の場所を測ってレンガや木材の数量を割り出します。予算オーバーした時こそ、ねらいが鮮明になってきます。優先することと省くことが振り分けられるからです。またその工夫に楽しみがあります。作業が始まってからでは変更しにくいことも、この段階なら大丈夫です。ケチるだけが解決ではなく、最初のねらいに照らし合わせて計画を練り直しましょう。実際に材料を買う時は、多めに用意して余裕のある作業にするのも結構ですが、少なめから始めて買い足すことで数量を合わせるのもひとつの方法です。

　自分にできない作業はプロに依頼することになります。作業の途中からでは頼めません。よく計画を吟味しましょう。また塀の建て替えなど、大量の廃棄物が出る場合は計画の段階からプロに依頼しましょう。

第2章
土を楽しむ

CONTENTS

基本作業 1	穴掘り	32
基本作業 2	土決め	36
基本作業 3	土ならし	38
基本作業 4	杭打ち	40
基本作業 5	土留め	44
COLUMN 1	使いたい道具	46
応用例 1	石垣を作る	48
応用例 2	飛び石を敷く	52
応用例 3	池を作る	54
応用例 4	排水管を埋設する	60
応用例 5	U字溝を敷設する	64
COLUMN 2	少しずつ作る庭	66

第2章

土を楽しむ

庭と言えば土。穴を掘ることから庭づくりが始まります。この章では、庭を形作る土工作業と道具を見ていきます。土いじりをしていると時間が経つのも忘れてしまう人。そしてこれは大変だと思う人。どちらの方もきっと楽しめます。

○ 土のよさ

　土の魅力は自然の温かみと足に優しい踏み応えでしょう。土は硬くもあり、柔らかくもあります。水を含み、雨に流れ、乾くとホコリになる土です。しかし歩いていてほっとするのも土です。転んでも大きなケガはしません。自由に形作れ、ブロックでも木材でも、何と組み合わせても庭の落ち着きが出せます。

　庭の雑草駆除や水はけだけを求めてコンクリートを敷いたのでは、便利にはなっても気が休まりません。土に触れることで心が解放されます。庭作業の基本は土いじりです。コンクリートではなく、土で基本の庭を形作っておけばいつでも変更が利く自由な庭です。また砂利を敷くのも考えものです。今は通路でも、将来は花壇にする可能性があるからです。石が混ざっていては作業がやりにくくなります。なるべく土を生かした庭を基本にしていきましょう。

○ 硬い土を使いこなす

　庭の土と言うと、すぐにふかふかの柔らかい土が話題になります。それは花壇、つまり植物用に耕した土です。しかし庭の通路には自転車やクルマでも轍ができない硬さが必要です。ベンチなどの工作物を据えたり、構造物の柱を立てるのも、土に硬さがなければグラついてしまいます。例えば公園の通路のように踏み固めた土。こうした硬い土をうまく使うのが、この章の大切なテーマです。植物用の土とは区別して考えてください。

　右ページの図は地面を掘って基礎石を埋めた状態です。もともとの地盤は雨や通行によって、硬く密に締まっている土。これを「地山（じやま）」と呼びます。山の斜面でなくても、掘っていない地盤のことをこう呼びます。一方掘り出した土や、それを埋め戻した土は軟うかく、いくら踏んでも地山ほど硬くなりません。これを「盛り土（もりど・もりつち）」と言って区別します。基礎を置いても沈みやすい土です。穴を掘る場合は、掘ると言うよりは「切り土」をして仕上げ、丈夫な地山を表面に出して、基礎が直接載るようにします。土は平らに、四角く切り出すわけです。作業の方法はこの後で見ますが、まずはこれらの考え方を頭に入れてください。

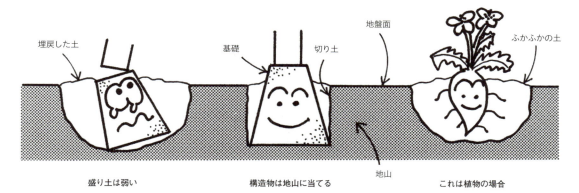

構造物を支える土

埋戻した土 / 基礎 / 地盤面 / 切り土 / ふかふかの土 / 地山

盛り土は弱い　　構造物は地山に当てる　　これは植物の場合

◯ 道具を使いこなす

　スコップの操作にしても、ラクに正確な穴を掘るにはコツがあります。それは個々の作業解説で述べます。気ままに掘るほうが楽しいという方も、ちょっと基本作業を点検してみましょう。普段とは違う筋肉を使うので腰痛に注意。正しい姿勢を心掛けましょう。そして自分に合ったペースで作業しましょう。

　プロが使う道具を使えばさらに効率的です。ちょっとたたくだけ、掃き寄せるだけの作業にも、工夫された専用の道具があります。掘る道具だけを取り上げても種類はかなりあります。使い分ければ、それまでできなかった大掛かりな作業も、細かい調整も可能になります。まさに作業は道具しだいです。すべて必要とは言えませんが、自分の作業に合った、使用頻度が高い道具は購入することをお勧めします。道具の選び方については、この章の中ほどに解説を添えました。金物屋やホームセンターで手に入ります。特殊なものは、園芸に力を入れたホームセンターを探して購入するといいでしょう。

　またこの土工分野では、プロなら誰でも使っているのに、売っていない道具がいろいろあります。皆必要に迫られて自分で作っているからです。これについては随所にヒントを載せました。試してみてください。

　なお文中に頻繁に出てくる「スコップ」は、シャベルと同じです。これはそれぞれオランダ語と英語の違いです。またクワの種類は別名が多いので、図で確認してください。

基本作業 1 穴掘り

用意する道具
- スコップ
- エンピ
- ジョレン
- ツルハシ
- コンベックス
- チョークライン

ここからは基本作業。自由にスコップで掘っても穴掘りはできます。でもそれでは深過ぎたり場所がズレたり。キッチリした穴にするなら、ちょっとコツがあります。ラクでムダのない、正確な穴掘り作業を工夫してみましょう。

○ 穴掘りの目的

　正確に穴を掘りたい場面はいろいろあります。穴の位置、大きさ、深さ、そして形状をしっかり出したいのが、図のような時です。寸法を決めてその通りに掘ります。「掘る」というよりも、土を切ることで硬い地山を生かし、丈夫で崩れない穴ができます。また寸法を出すのは面倒でも、結果としては効率的。目見当で掘ったのでは、すぐに1.5倍ほどの大きな穴になってしまうからです。

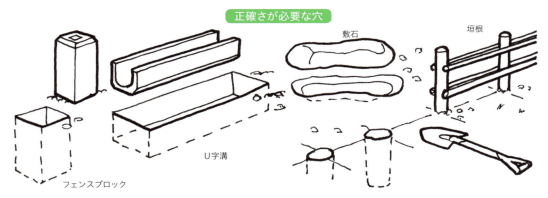

正確さが必要な穴　フェンスブロック　U字溝　敷石　垣根

正確に掘れば丈夫。そしてムダがない

○ 位置決め

　垂直な角穴を掘ってみましょう。まずは土の中の障害物を避けた場所に設定します。気を付けたいのは下水管。庭の敷地内なら径75mm、太くても150mmまでです。深さはマンホールのフタを開けて管の位置で想像します。通常は深さ30cmくらいはあり、下流に向かって1m当たり3〜5cmの勾配が付いています。重量物を直接置くのは勧められませんが、管さえ避ければOKです。ただし工作物がマンホールの真上や、またぐ格好では後々の下水点検に困ります。

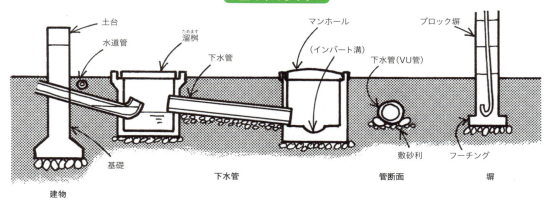

ガス管や水道管の場合は、建物の基礎から外側10cm付近に敷かれています。また塀の近くは、地盤面から深さ30～40cmくらいに基礎の出っぱり（フーチング）があります。またこうした基礎の近くに溝を平行に掘ると基礎を弱めます。他にはコンクリート片などの埋設物。これは掘ってみなければわかりません。

○ 墨出しをおこなう

場所が決まったら地面に位置を印します。これが「墨出し」です。塀からの寸法など、位置の基準に合わせてコンベックスでその寸法をとり、穴の中心と外形を墨出しします。正確にしておけば、手加減してくり返し掘り直すよりも効率的です。線を引くにはチョークラインが便利ですが、スコップの先で引いても構いません。外形の他に、その外側5cmをぐるっと墨出しすれば確実です。作業中に踏んで線が消えても補修しやすく、穴が大きくなるのを防ぎます。また長時間作業でも消えにくい線としては、水糸を長いクギで止める方法が確実です。なお丸穴の場合は、クギを糸に結び付けてコンパス代わりに引きます。

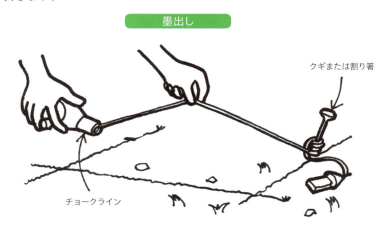

◯ 垂直穴を掘る

　ここでスコップを用意します。先のとがった「剣スコップ」、いわゆる剣スコが最適です。剣スコップは掘るための道具。つまり土を切る、すくう、放るの作業用です。右利きの場合、剣スコップは右手で握りを持って左手を柄に添えます。掘る時はこれを地面に立て、左足をスコップの肩に置けばバランスをとりやすい姿勢です。もっとも、同じ姿勢で同じ筋肉を使い続けるのは筋肉痛のもと。長時間作業では時々、左右を逆に持ち替えるとよいでしょう。

スコップの操作

基本の姿勢　　テコ式にこじらない　　横に盛るとラク

　次に穴の外形となる墨出し線にスコップを突き立て、深さ2cmほどの切り線を入れます。さらに3cm内側にも筋を入れ、これよりも外側は「仕上げ代」として確保します。これで掘り始めますが、地盤をまんべんなく崩してからすくうのでは、這うような姿勢ばかりで大変です。なるべく締まった土を切り取って放ります。これなら切った土がサジ面に吸い付くのでラクな姿勢をとれます。掘る順は図のように穴の中央から始めて後ずさりします。切る土の厚さは欲張らずに5cm程度。あまり多くすると腰痛のもとです。またムリに深く刺してテコ式にこじるとサジ部が曲がってしまいます。このすくい角度がなくなってしまうと不便。こじるなら、握りを左右に振る程度です。

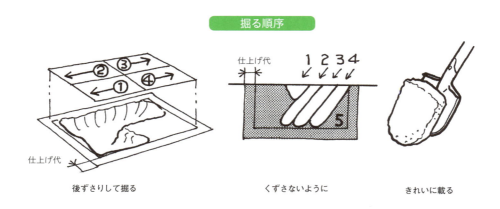

掘る順序

後ずさりして掘る　　くずさないように　　きれいに載る

さらに底を掘り下げます。深さを確かめるには、図のようなゲージを作って測るのが確実です。湿った土や、粘土質の土はスコップに付着して重くなります。かき落とし用のヘラを作って用意しましょう。ヘラは竹や鉄板で作れます。頻繁に使う場合は、長いヘラのほうが便利。近くの地面に刺しておけば、すぐに手が届きます。設定の深さ近くまできたら、そこでいったん止めて、穴側面の仕上げ代3cmを削り出します。剣スコップでも充分ですが、鋭い刃をもったエンピを使えば切れ味よく作業ができます。これは細身のスコップなので、径20cm以下の細穴を掘るのにも使います。大切なのは硬い地山を出して仕上げることです。側面から削られて底にかぶった土は、片手クワで隅まですくい取ります。深さゲージを当てながら、底面を平らに仕上げて完了です。

便利な道具

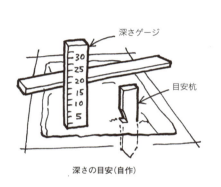

深さの目安（自作）

ドロ落し（自作）

エンピ　片手クワ

◯ 硬い地盤を掘る

長年通路で踏み固められた地盤はスコップを受け付けません。また砂利を敷いた場所やコンクリート片が多い土もスコップを傷めます。この場合はツルハシの出番です。先端がよく地盤に突き通り、崩しながら土をカケラにしてくれます。

ツルハシの持ち方は竹刀と同じで、右手右足を前に出した姿勢になります。この頭部は三日月状に長いので、慣れるまで先端位置が安定しません。数回軽く振り下ろして距離感や先端の向きを把握しましょう。あとはひたすら先端が真っすぐ刺さるように加減します。またコンクリート片などが現れても、テコ式にこじらないこと。コンクリートをえぐり取ろうとせず、たたいたり載って揺さぶることで輪郭を探ります。そして周囲をまんべんなくほぐします。側面まで露出させるのが結局は近道です。

ツルハシの操作

掘らずに砕くことが主眼

基本作業 2 土決め

用意する道具
- 丸太
- 剣スコップ
- 移植ゴテ
- 金テコ
- 水平器

土決めとは水やコンクリートを使わずに、土だけを突き固めてものを据え付けること。石や工作物がグラつかないように土を固める作業です。デッキの基礎も飛び石も、この土決めしだい。丈夫で狂わない基礎を作りましょう。

◯ 穴形状を設定する

正確に据え付けたいものの代表が沓石（くついし）。柱を地盤で受け止める台座です。形やサイズは数種類ありますが、これを据える穴形状を考えてみましょう。まず沓石を埋める深さは図のようになります。上に載る木製の柱が湿気で腐らないように、地上部は高く。しかし安定のためには深く埋める必要があります。埋める深さはこの兼ね合いです。穴の深さは、これに砂利を敷く厚さを加算します。そして周りに「突き棒」が入る余地を見込んで、穴の寸法が決まります。この穴を掘る要領自体は「穴掘り」の項で述べた通りです。

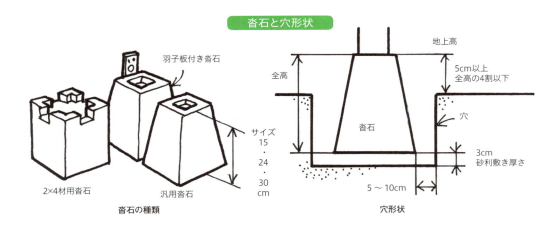

沓石と穴形状

沓石の種類：2×4材用沓石、羽子板付き沓石、汎用沓石　サイズ 15・24・30cm

穴形状：地上高 5cm以上 全高の4割以下、全高、沓石、穴、3cm 砂利敷き厚さ、5〜10cm

◯ 石張りする

できた穴に砂利または砕石を入れます。これは穴の底面を固めて支える材料です。軟らかい地盤では沓石が沈みやすく、しかも傾きやすいので特にこれが必要です。石は2〜3層に重なるくらい。厚さにして3cm程度が適当です。入れただけでは石が浮いているので、太めの丸太で平らに突き固め

ましょう。石が底面に突き刺さって、なじみが出たところで深さを確認。必要に応じて石を追加します。ぴったりの深さに収まらなくても、深い分にはあとで調節は利きます。さらに水平器を当てて、面に傾きがないことを確かめます。

底面が広過ぎると、石も多く必要になって不経済。また将来、近くを掘る時に石がじゃまになります。ぎりぎりに掘っているのはこのためです。石張り面が整ったら石のすき間に砂を入れてふさぎます。石が隠れない程度で完了。この場合はセメントを使わないので、土を突き込んでもOKです。

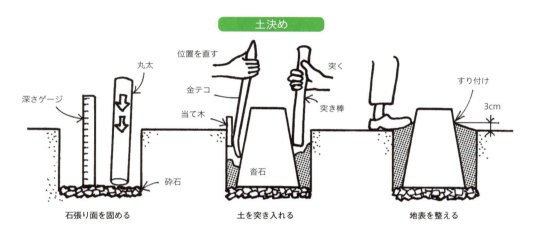

◯ 突き固める

沓石を穴に入れます。穴側面をこすると土が崩れて、石張り面の高さが狂うので慎重に。そして中心位置や向きを出します。次に少しずつ土を入れ、突き棒で突き固めます。土を10cmの厚さで1周入れ、それを突いて5cmに圧縮する要領です。ここで沓石に位置や向きのズレがないことを確認。ズレていたら金テコまたはバールでこじって直します。位置が深過ぎたら、沓石を交互に傾けてすき間に土を入れて突きます。浅い場合はこうもいかず、掘り直しです。地面の高さまで土が入ったら、3cmほど高く傾斜をもたせ、すり付けにします。これは土が沈むのを見越しての処置。雨がかかる場所なら半年で水平になります。

ここに出てきた突き棒は自作。図のように枝や丸棒で作れます。長さは好みですが座り作業には60cm、立ち作業には140cmが適当です。

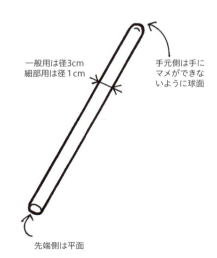

真っ直ぐな枝で作る

基本作業 3 土ならし

用意する道具
- レーキ
- 草削り
- ジョレン
- 水平器
- ガーデンホウキ
- スコップ

でこぼこな庭はどうも見映えがしません。歩いてもつまづきがちです。もっと困るのは水溜まり。そこで地面を平らにきれいにするのが「土ならし」です。掘ったり埋めたりした後の、地面の仕上げでもあります。

◯ 土ならしの目的

　地面の凹凸を平らに整地することが、土ならしの主目的です。たいがいは踏み固めや清掃、水勾配を付けることも兼ねて行います。特に穴を埋め戻したあとは土の塊が散らばって見苦しいので土ならしが必要です。水溜まりがなく、平らな地面は心地よいものです。水はけが悪いと感じたら点検してみましょう。水はけのために付ける水勾配は、1m当たり3cm（＝3％）が普通。5cmとれば大雨でもすぐに水が引きます。しかしこれでは歩いていても傾斜を感じて落ち着きません。ちなみに1cm以下となるとテニスコート並です。

◯ 土ならし作業

　いくつか土ならしの場面がありますが、まずは埋め戻しの穴。盛り土は流れたり沈みやすいので、よく踏み固めます。しかし30cm以上の盛り土を一度に固めるのはムリでしょう。重い「タコ」はそのための道具ですが重労働です。10cmずつ固めてくり返すのが実際的です。かかとを地面に刺すように踏めば締まります。それでも盛り土は沈むので、地表3cmほど盛り上げます。

土ならしの方法

一層ずつ踏み固める　　盛り上げて納める

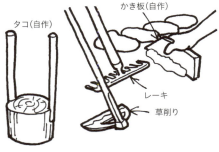

土ならしの道具

石や植木の狭い場所は「かき板」のとがった先で盛り土を隅々に行き渡らせます。これは端材を切って自作します。手先の感覚がよく利く道具です。石と土の塊は見分けにくいものですが、カチンと当たる手応えで石とわかります。

　水溜まりには直接土をまいても、靴の裏に付くばかり。固く締まった地表は、「草削り」の端で軽く刻みを入れます。スコップでつついてもOK。この荒らした表面に薄く土を盛ります。そして踏み固めながら、表面はガーデンホウキで掃けば仕上りです。出っぱった地盤は草削りで薄くそぎます。草削りなら固い地盤でもよく切れます。削った表面はよく締まった土。雨にも流れません。出てきた土はジョレン（鋤簾）でかき寄せ、または引きずって運びます。

　周辺の水勾配も整えてみましょう。通路は高くし、側溝やU字溝へ向かって低くなる勾配にします。レーキで土を配れば、同時に大粒の石や土の塊も取り除けます。土を取り除くにはレーキの背を使うのもよい方法です。歩き回って固めますが、歩いた感じでは高低が判断できません。図のように角材と水平器を組み合わせて勾配定規にすれば便利です。

土の塊をつぶす・除く

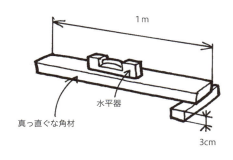

勾配定規（自作）

◯ 砂利の整理

　出てきた砂利はじゃまでも埋められないのでとっておきます。ただ石と土の塊は区別が面倒です。フルイがけも効かず、洗うのは水がもったいない。それなら石も土の塊も一緒にカゴに入れて、雨に打たせておきましょう。やがて土は流れ落ちて石が残ります。これでいつでも使える砂利置き場です。こうして土までとっておくと、撒くための土が足りなくなります。そんな時はカゴの下を掘って土を確保します。カゴは半分地表に出ていればOKです。

砂利は雨に打たせる

基本作業 4 杭打ち

樹木の支柱、柵や生垣、土留めなどなど、杭の出番はたくさんあります。杭打ちは力作業とばかり、力まかせに打つのは腰痛のもと。コツを見てみましょう。たまに使う程度の道具は買わないという人には、スコップでできる方法も。

○ 杭の作り方

まず杭を用意しましょう。樹種としては腐りにくいマツ材が好まれています。少なくとも芯（年輪の中心）が入ったものならOK。断面は丸が基本で、角材では面の向きをコントロールできません。また同じ太さに揃うことが最優先です。径6cmや10cmのスギ丸太なら入手は簡単です。長さは図のように、杭の地上高を基に打ち込み深さを考えます。深さ30cm以上になると、打っているうちに割れたりバリが出ます。ここは後で切り落とす前提で寸法を設定します。

とがらすのは、自然木なら「もと」側。その木が生えていたのと同じ向きになるようにします。ナタで打って削りますが、深く刃を入れず、鉛筆みたいに少しずつ削る要領です。先は偏りなく中心を出します。ナタを使う機会が少ない人はノコギリ（仮枠ノコなど）で代用し、四角錐に仕上げます。ついでに地中部分にはクレオソート（防虫防腐剤）を塗れば杭の寿命が伸びます。

杭の作り方

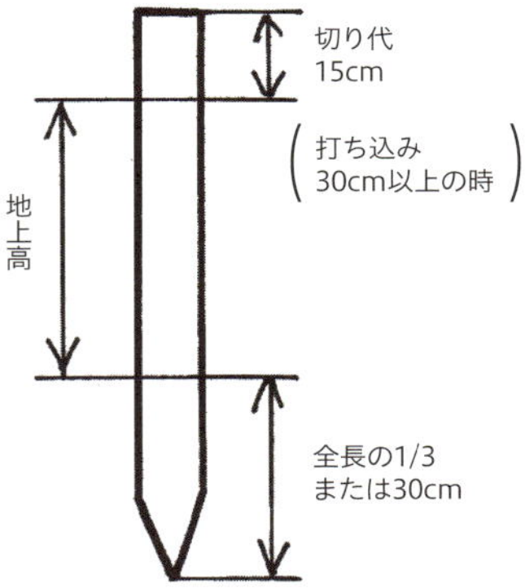

寸法 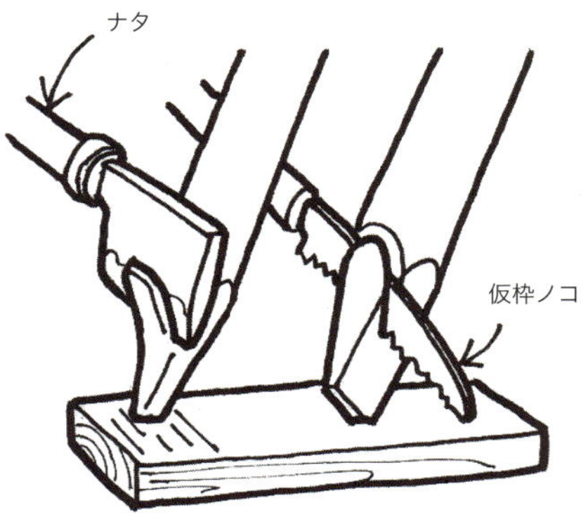　　　　　先端をとがらす 　　　　　防虫防腐剤を塗る

◯ 打ち方

　打つ場所に杭を突き立てます。もし柵のように整列させる場合は、あらかじめ墨出しをしておきます。杭は人に押さえてもらうことが多いのですが、これは安全とは言えません。先に小さい杭を打ってから固定することをお勧めします。

　打つ道具はカケヤ（大型木ヅチ）。頭部が大きいから命中率がいいというよりも、杭を傷めにくいのが利点です。もちろん金属頭の両口ハンマーでも構いません。長い杭の場合はカケヤを充分に振り下ろせません。その場に安定して乗れる台があれば理想です。ないことのほうが多いので、しばらくはカケヤを振らずに下ろす作業になります。ウェストの高さまで打ち込めたら、カケヤを真上に突き上げて振り下ろす、本来の打ち方ができます。よくありがちな、腰を軸に円弧を描くような持ち上げ方では腰痛のもとです。打っている最中は誰かに横から見てもらい、杭の垂直が傾いてきたら棒で矯正してもらいます。この支え棒はふた又の枝から作ったものが便利ですが、平たい板でもOKです。もしもカケヤが杭をそれた場合はすぐにしゃがみ、頭部が足元に落ちるのを防ぎます。

　予定の深さに近づいたら杭を揺らしてみます。これでグラつく時は根元の土を打ち固めます。石を当ててクサビのように打ち込むのも効果的です。軟らかい地盤では、あとから2～3本の杭を添えて打つ方法もあります。

打ち方

打ち始め　　支え方　　高い杭を打つ時

通常の打ち方　　グラつきの補強　　頭切り

次は杭の頭を点検。傷んでいたら予定した地上高で切ります。またここまで打てるとは限らず、杭は地中の小さな石でも止まってしまうことがあります。その場合も杭の頭を切ります。また杭が浅すぎる時は、場所を替えて打ち直しになります。つまり打ち終わって初めて地上高が定まります。例えば柵にする場合で、ロープを通す穴をあけるならこの時点です。

◯ 特殊な杭打ち

　穴を掘って杭を差す方法もあります。つまり打つのではなく埋めるわけです。砂利が多い地盤に打つ時や、カケヤがない場合。また先ほど打てなかった四角い断面の杭を決まった向きに打ちたい時などがこれにあたります。これには深い穴が必要ですが、径はなるべく小さく収めたいところです。掘る労力の節約とともに、固い地山を生かしてグラつきを防ぐためです。穴の形としては図のように、まるで三角定規を埋めるような穴になります。道具は細身のエンピを使い、斜面で土をかき出します。そして杭を差してから、砂利を当て、土を突き込んで土決めにします。

　草花の支柱など、特別細い杭は打ってもたわむばかりで、地面に入っていきません。この場合は適当な太さの杭を打ってから抜き、その穴に支柱を差します。穴のすき間は突き固めてふさぎます。

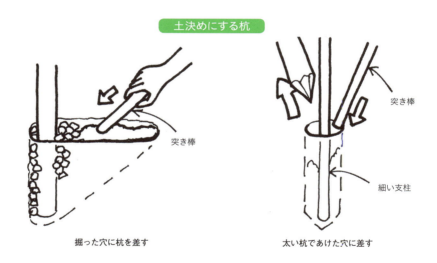

土決めにする杭

掘った穴に杭を差す　　　太い杭であけた穴に差す

◯ 抜く場合

　要らなくなった杭や、途中で浅く止まった杭は抜くことになります。よくやるのは、こじって穴を広げる方法。どんなにきつく打った杭でも、ヨコ方向には弱いのでよく広がります。しかし広がった穴は円錐ではなくラッパ状です。グラグラしていても、先端近くはまだ締め付けられて抜けません。そんな時はすぐ隣に別の杭をやや浅く打ちます。もとの杭は先端が片方に押しやられ、すき間があくことで抜けます。またこの2本をからめてねじるのもよい方法です。

別法として、図のような道具を作れば便利です。これは厚手の合板に、杭の径よりも3〜5mm大きい穴を切り抜いたもの。これを杭にはめてテコの力で抜きます。径が適切であればよく食い込んで保持でき、径6cmくらいまでの杭に有効です。何本も打つ場合は前もって用意してもよいでしょう。ただ滑り止めの角材を打ち付けてあっても、バールが外れやすいので注意は必要です。

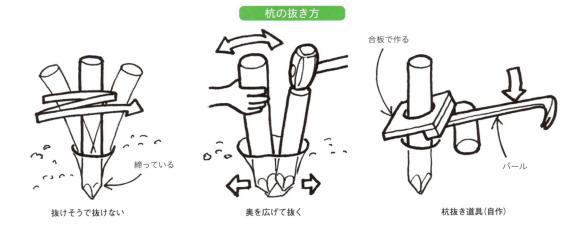

ADVICE 自分で作る道具

　これまでに、作って用意する道具がいろいろ登場したので解説します。どれも便利なのに店では売っていません。誰でも簡単にできるし、作業に合わせて自分で工夫するのが楽しみだからでしょう。作ってみませんか。

　土ならしの必需品「かき板」は杉板などの端材を切って作ります。図にある大きさがお勧めですが、大小作って試してみてください。また杭打ち用の「支え棒」はふた又の枝でしたが、伐採でもしないとなかなか手に入りません。板で作れるものを図にしました。ひし形の穴を杭に通し、軽くねじった状態で保持します。

　紛失の予防としては目立つように赤く塗るか、または吊り穴をあけてヒモを結ぶのが一般的です。いつも夕方に片付けをする人には、水色をお勧めします。薄暗い時は赤よりもよく見えるからです。

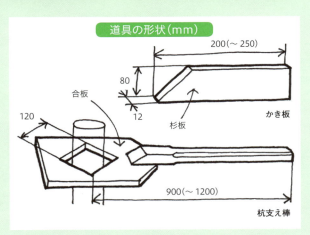

基本作業 5 土留め

土が流れたり、崩れたりするのを防ぐのが「土留め」。それだけでなくブロックや石で、庭に高低の立体感を作れるのも土留めです。そんな庭の表現のもとになる作業が始まります。まずは丈夫な土留めを作ってみましょう。

第2章 土を楽しむ

⭕ 土留めの目的

きつい勾配の地盤はすぐに崩れます。勾配は30％が限界で、それ以上には土をせき止める、「土留め（どどめ）」が必要です。そこまでいかなくとも、庭に小さな段差を付けることによって、奥の草花がよく見えるようにしたり、立体感と奥行を表現することもあります。その段差を縁取るのが「土留め縁石」です。低い段差なので、ブロックや石を埋めたり置くだけでできます。またコンクリートなどで固めた土留めよりも、後々の自由度があります。

⭕ 土留め作業

図は庭に施工しやすい土留め縁石の方法です。この中では地山にブロックが刺さっている構造が丈夫なタイプです。隣の置くタイプは土を半分かけてズレ止めにしたもの。これでも低い花壇なら強度も充分なので作業のモデルにします。土留めを作ってから、土を中に運び入れるのが確実ですが、現実は逆で、土を盛り上げたら崩れ始めて土留めが必要になる状況が大半です。ここでもそうします。

まず盛り土のうち、土留めを設ける場所を踏み固めます。固めた場所を切り土すれば、水平垂直を作るのも簡単です。ここに土留め位置の計画線を引きます。線に従ってスコップで垂直に切り、地盤

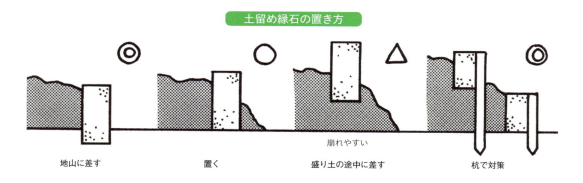

土留め縁石の置き方

地山に差す　　置く　　盛り土の途中に差す（崩れやすい）　　杭で対策

面は草削りで水平に削ります。この水平面はブロックの座り具合に関わるので、太めの角材を当てて平らを確認します。

　平らになったらブロックを置きます。配列を整え、外側から土を斜めにすりつけ、そこを突き棒で固めます。片足はブロックに乗せてズレを防ぎます。次に盛り土側（花壇側）のすき間や、ブロックの継ぎ目にも土を入れて突き固めます。すき間から土が流出するのを防ぐには、粘土質の荒木田土を詰めるのも効果的です。ブロックが落ち着いたら、試しに盛り土の上に入り、ブロックから10cm内側の位置を踏んでみます。これでブロックが押し出されなければ合格です。

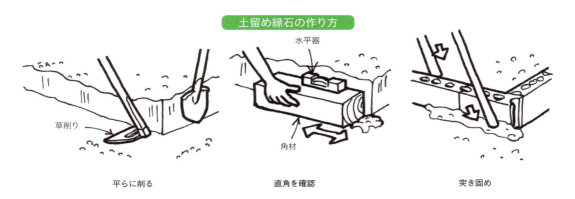

土留め縁石の作り方

平らに削る　　　直角を確認　　　突き固め

◯ 丸太の土留め

　太めの枝、竹材、丸太、流木なども土留めの材料になります。しかしそのままでは転がるので、杭で固定します。これならズレないので、花壇のような固めない盛り土でも実用的です。さらに杭を打ち並べて「連杭（れんぐい）土留め」とする方法もあります。木質は腐るので、プラスチックやコンクリート製の擬木（ぎぼく）という手もあります。この場合は打つのではなく埋めることになります。地下に半分以上差せれば、花壇と言わず通路など歩く場所にも耐えます。

　いずれも、すき間は雨水の通り道になって土が削られます。そこには根張りのよい植物を植えれば、よい対策になります。またある程度の斜面は根が支えるので、花壇ならば土留めは根が張るまでの処置という考え方でもよいでしょう。

丸太を利用して

すき間には植物を

COLUMN 1 使いたい道具

> この章に登場した道具を詳しく解説します
> ◎……出番が多い基本の道具
> ○……あれば効率的な専用の道具
> △……応用の道具

第2章 土を楽しむ

掘削

- 切る / すくう / ほうる — 柄・サジ部 約15° ◎剣スコップ
- 切る — 約5° △エンピ
- すくう / 混ぜる / ほうる — 約25° ○角スコップ

硬い地盤の掘削

3kg △ツルハシ　2.5kg △バチツル

↑よく似た形のスコップ類だが刃先のとがり具合と、サジ部分の角度に注目。それぞれ用途が少しずつ違う。剣スコップは土を「切る・すくう・ほうる」のどれもこなす多用途型。これに比べ、角スコップは「すくう・混ぜる」に向いたタイプ。サジ部分の角度が立っていて、ラクにかがんだ姿勢で作業ができる。先端が直線なので、切るのは苦手。主にセメントの練り作業用に使うが、掘り上げた土をすくうのにもよい。エンピは「切る」専門。サジ部分は半円筒形で刃幅も狭く、径が小さい深穴が得意。刃先は鋭く、また常に砥石で研いでおいて樹木の根を切るなど、刃物としての使い方をする。この操作は慎重に。3つを使い分ければ万全だが、ひとつだけを選ぶなら剣先スコップ。全長は標準的な1mと小型の80cmがある。庭での作業には小型のほうがラクで仕上げもきれいにいく。

↑2タイプとも「掘削」と「破砕」の用途。砂利やコンクリート片混じりの地盤を掘るのに使う。打撃力が先端の一点に集中するので強力。スコップで無理に掘るのは道具を傷めるばかりなので、これが役立つ。標準的なのは両ツルだが、石が少なくて硬く締まっただけの土にはバチツルも使いやすい。長時間打ち続ける場面はあまりなく、いざという時の頼もしい打撃用として用意しよう。強力さでは重さ3kgほどのものが適当。

土ならし

- 掘る / 砕く / 耕す — 約70～80° ○唐クワ
- 寄せる / すくう / 混ぜる — 約70° ◎ジョレン
- 切る / 削る — 約70° ○草削り
- 寄せる / ならす — 約80° ◎レーキ

←唐クワは（3本ツメを備えたタイプに対して）板状の厚い刃をもつクワの総称。そして立ち姿勢で土に打ち込んで使う。土を砕いて掘る役割になるので、刃幅の狭いタイプが便利。ジョレン（鋤簾）は込み角度が起きていて、トレーのような湾曲面が特徴。掘り上げた土をかき寄せ、すくい取る道具。クワ（鍬）の仲間ではあっても、土に打ち込んで耕す道具ではない。手軽さが身上なので、全長1mほどが使いやすい。草削りは薄手にできたよく切れる刃先で地表を削る道具。約1.2mが標準で、ラクな立ち姿勢で使う。レーキは土をならしたり敷き広げる道具。さらに土の塊をたたいて割りほぐすことにも使う。これは丈夫な鉄板プレス品であり、針金状のローンレーキはもっぱら掃除用なので使い分ける。

第 2 章 使いたい道具

杭打ち

- ○カケヤ（木杭に、約15cm）
- ○両口ハンマー（1.3〜5.5kg、金属杭もOK）

⬆杭打ち専門に使うならカケヤ。木ヅチなので杭も割れず、大きな頭部で命中率もいい。他に用途としては、工作物の直角や位置のズレをたたいて直す場合に。両口ハンマーは鉄の杭や解体にも使えるのが利点。どちらも杭の径が6cm以上ならば、重さ5.5〜6kgはほしい。カケヤはkg表示ではなく、頭径15cmがこれに相当する。

テコ

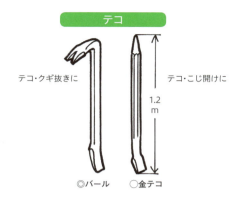

- ◎バール（テコ・クギ抜きに）
- ○金テコ（テコ・こじ開けに、1.2m）

⬆金テコは重量物の位置直しや移動の必需品。先端はクサビ形と円錐形の組み合わせ。材質が強く曲がりにくい。専用に用意するほど使用頻度が高くない方には、大型バールで兼用するのもよい方法。どちらにしても全長1.2mくらいないと、テコの威力はない。一方、沓石や敷石のズレ直しなど、細かい作業には60cmのバールが重宝する。

切断

- ○汎用ナタ
- △打撃面付きナタ
- △竹割りナタ

⬆ナタは一般的には枝を払うもの。この章では杭の先端を削る道具として登場。出番が多いかどうかは人によって違い、また慎重さが必要な道具。なかでは従来型がいちばん用途が広い。打撃面付きタイプはカナヅチ代わりにもなるが、地面に振り下ろした時でも石で刃を傷めないガードになる。オノと同じで、重さも切れ味の内。竹割りナタは竹専用で、それ以外では軽すぎて切れない。

測定・線引き

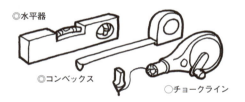

- ◎水平器
- ◎コンベックス
- ○チョークライン

⬆水平器は気泡管で水平を確認する道具。全長20cmくらいのものを、長い板材と組み合わせて使うのが手軽。コンベックスは手早く測れるので布製の巻き尺よりもお勧め。最近では雨天用のサビにくいタイプもある。テープ幅20mm以上なら2m引き出してもピンと保てる。5.5mが標準的だが、庭なら10mサイズも出番が多い。チョークラインは木材への墨付けが本来だが、チョーク粉を使っているので地面への墨出しにも使える。

庭の道具選びのコツ

頻繁に行う作業なら道具も充実させたいもの。普段しない作業でも、道具がなくて敬遠しているだけかもしれません。例えば草削りや金テコなどは、使い始めればとたんに作業が楽しく高度に仕上がり、手放せなくなります。サイズを選ぶなら場所の広さ、作業時間、そして体力がポイントです。価格だけで選ぶと「小」になりがち。片手で使う道具よりも、両手のほうがラクな姿勢ではかどります。

先端がとがった道具は刃物と同じです。スコップもジョレンも、地面に置く時は刃を下に伏せておきましょう。また、クワなど柄穴が付いた道具は、使う前に木部へ水を含ませて緩みを防ぎます。安全に大切に使いましょう。

まるごとわかる！庭づくりDIYの基本

応用例 1 石垣を作る

ここからは応用編。石を積んで石垣を作ってみましょう。土留めの作業をちょっと発展させればできます。地面に高低差を付けるだけで立体的な庭に。石やブロックのラインは庭をくっきり見せます。どんな石垣がお好みですか。

第2章 土を楽しむ

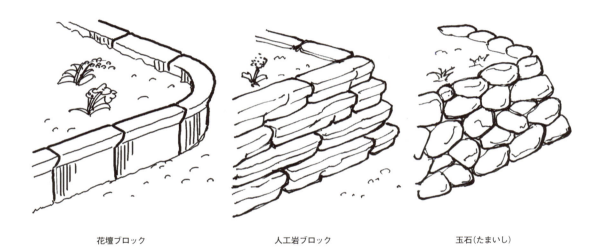

花壇ブロック　　　　人工岩ブロック　　　　玉石(たまいし)

○ 石垣がほしい場所

　上の図は比較的手に入りやすい材料で作った石垣。しゃれたものから重量感のあるものまで選べます。こうして庭にはっきりした段差を設ければ、花壇や植え込みが映え、向こう側に隠れがちな丈の低い花もよく見えます。そして草花が好む水はけのよい場所になります。石垣とは言っても、庭に合うのはやや高い縁石といった感覚の石垣です。またフェンスに平行な花壇であっても、直線よりは緩いカーブに仕上げたほうが変化のある楽しい場所になります。そして樹木や工作物の根元を丸く囲めば、庭にシンボリックな場所を作り出せます。

　石垣も土留めの一種なので、内部からの土圧を受けます。本来はモルタルで丈夫に固めるものです。しかし低い石垣なら土を突き込むだけの「空積み」にすることができます。これなら将来、花壇を変更する場合でも作り直せます。ただし石垣の上を歩いたりクルマが通ると崩れやすいので、そうした場所は避けます。

○ 花壇ブロックの土留め

　これは置くだけで土留めができるブロック。積まずに1列で置いた格好は石垣のイメージではありませんが、地面に小段を作るには手軽な材料です。

　そのまま地面に並べただけでは仮置きのように見えてしまいます。また、土圧でせり出してこないように浅く埋めましょう。例えば、高さ19cmのブロックは5cm埋めて、地上高14cmにするのが適当です。

　コーナー用ブロックと組み合わせる場合の据え付け位置は、コーナー用ブロックを先に置いてみて、間に何枚入れるかで置き直します。そうでないと、長さ調節のためにブロックを切ることになってやっかいです。計画が決まったら、ブロックの配置に沿って、草削りで地面を水平に削り出します。

　削った平らな窪みにブロックを順に置き、バールですき間を詰め寄せていきます。また、当て木をして金ヅチで打つのもよいでしょう。この時、ブロック同士をモルタル接着すれば丈夫ですが、それでは将来も配置が変更できなくなるので接着はしません。

　並べ終わったら上端に板を載せ、段差なく水平になっているか確認します。そしてブロックの表裏から棒で土を突き込み、土をすり付けて仕上げます。

　製品としては、図のような洋風タイプの他に、丸太の連杭を模したものもあるので、好みで選ぶとよいでしょう。また、コーナー用の曲がりブロックをいくつかS字形に組み合わせて波状のラインにしてもしゃれています。

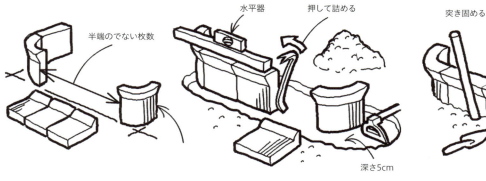

花壇ブロックの設置

コーナー位置を決める　　　水平に据える　　　突き固める

◯ 人工岩ブロックの石垣

　こちらも窯業系ブロックの一種です。接触部分は平面でも、正面は天然石を表現してあります。モルタルで接着して積み上げるようにできた製品ですが、低い30cmほどの段なら空積みでもOKです。

　下段ブロックの継ぎ目の上に載せて積み上げ、また土圧に備え、垂直ではなく75°の傾きを付けます。不規則な石模様は、斜面でも自然な表情です。そしてコーナーは直角や鈍角のカドに組みます。そうしたカドの線や終わりの端はすき間があくので、半マスブロックで補って揃えます。

　高さ30cmを超える場合は、接着力を抑えながらモルタルを使う方法もあります。まず、硬めに練ったモルタルをゴム手袋の手に取り、セメント粉をまぶしながら、パサパサなダンゴを作ります。それを乾いたブロックに数個置き、積み重ねていきます。いくつか並べたら、上に角材を渡して均等に圧縮。こうして組んだ石垣は、目地のすき間をバールでこじるだけで解体できてしまいます。高さ70cmまでが安全な範囲でしょう。一方、ブロックに残ったモルタルは、タガネ（P.113参照）でそぎ落とせるので、再利用が可能です。乾いたブロックがモルタルの水分を吸収し、接着の化学反応を半分までで止めるためです。

　逆に、硬化までの4日間にジョウロの水や雨がかかると、本来の接着力を発揮してしまいます。モルタルのクズは水洗いせず、ホウキではらう程度にしましょう。できあがったら、雨除けにブルーシートをかぶせて数日放置します。

人工岩ブロック
75°
30cm以下
空積みは30cmまで

半マス
うら
ブロックの形状

モルタルダンゴで軽く接着
平らに押さえる
パサパサなモルタル

◯ 玉石の石垣

　玉石とは20cmくらいの大きさの丸っこい石。天然石はやはり本物の良さです。これはどちらかと言うと和風になります。また石の形を取り合わせて自然なパターンを作るのは、やや根気のいる作業です。高さは石の座り具合にもよりますが、傾斜75°の空積みでせいぜい40cmまでが無難です。

　まず盛り土を斜面に切り、最初の数個は、幅方向に3～10cmほどのいく種類かのすき間を設けて並べます。石は平らな面を下にして周りを突き固めます。座りをよくするため、そして石垣の下端を直線基調に通すためです。そして次の1個は、かみ合うすき間を探して当てはめます。石の向きを変

えたり、次々とすき間を試します。つまり最初の数個とはアドリブの出発点です。またヨコに進むのではなく扇状に広げていきます。扇の先にはさまざまなすき間形状ができ、どれかに合います。大きな石は土を削って深く据え、ゆるい石は砕石を増やすことで調節。すき間に突き込んで収めます。時どき離れてみて、すき間の通り具合が均等なランダム状態になっていることを確かめましょう。タテやヨコに真っすぐ通る目地は妙に気になるので避けます。

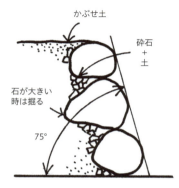

ADVICE 石のサイズ

　天然石の大きさは寸法で呼べず、下の表のように区別されます。しかし実に大まかであって「10cmくらい」とは5〜15cmのことです。そして扱う店や人の感覚によっても違います。また色調については産地の名前で選びます。産地名は多過ぎるので省略。何とも天然材料ならではのことです。これに対し砕石はmmで指定します。ＪＩＳで定めた製品だからです。

●砂利
粒径0.5〜3cmの丸またはだ円形の天然石。通路の敷き砂利や基礎地盤の突き固めに。バラスも同義だが、主に基礎に敷く砂利のこと。

●ごろた石
10cmくらいの丸い石。

●玉石
20cmくらい。丸みの石。縁石や石組みに。

●敷石
30〜50cmの平たい石。敷石用の石をいう。通路用。

●割り石
10〜30cm。岩を大まかに四角く割った石。縁石や石積みに。

●割り栗石
20cmくらい。天然石を大ざっぱに割ったもの。主に基礎の下に刺すように敷いて沈下防止の役目。本格的建築工事用。

●砕石
サイズはさまざま。4cmくらいが使いやすい。岩石を砕石機で砕いたもの。石の丸い面はなく、とがったクサビ状の形が多い。ふるい分けず粉ごと入っているのがクラッシャーラン。C 40は0〜40mmの粒。粒径をそろえたのは単粒度砕石。

飛び石を敷く

応用例 2

用意する道具
- 移植ゴテ
- 片手クワ
- 剣スコップ
- バール
- ホウキ

雨でも靴が汚れない通路がほしい。そんな時、広い範囲の敷石は大変ですが、飛び石なら数が少ない分だけ手軽にできます。ポンポンと続く石は庭の楽しいアクセントです。玄関のアプローチなどに飛び石を敷いてみませんか。

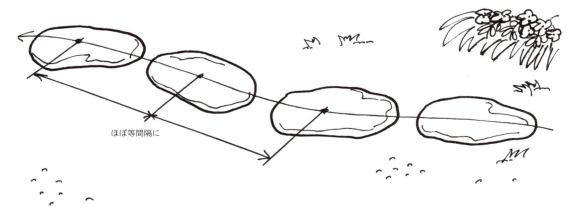

ほぼ等間隔に

全体の流れを見渡して据える

◯ 飛び石の配列

　石の配列は茶室をもつ庭や日本庭園でない限り、作法を気にする必要はありません。楽しい通路、つまり見て歩いてリズミカルな並び方になればOKです。緩いカーブや、ちょっと寄り道を誘う折れ線も気が利いています。石の間隔は歩幅なので50cmくらいが標準。しかしこれも好みしだいで、多少の広い狭いは問題ありません。ただし途中で急に間隔が変化すると歩きづらくなります。また高さは一定に保つようにします。心掛けることと言えばこのくらいです。

　カドに丸みのある自然石を使えば、遊びのある飛び石らしい風情が生まれます。逆に歩きやすさの点では、厚手の鉄平石のようにプレート状の石を連結させた、つまり敷石のほうが優れています。これは場所や好みによります。

　飛び石は数年経つと沈むのではなく、浮き上がってきます。石の周りは雨に打たれて沈下しますが、石の下は水が入らずに残るからです。こうなるとつまづきやすいので、時々埋め直すなどの手入れが必要です。

◯ 石を据える

　まず石を配置してみます。向きや間隔が決まったら、地面に石の輪郭をひと回り大きく写します。次に石の裏側の凹凸を見ながら、それに合った穴を掘ります。合うまで何度も穴に入れて試す作業です。穴が浅過ぎるよりは深過ぎのほうが調節が利きます。バールで石の片側を浮かし、すき間から棒で土を突き込みます。入れる土の量が多い時は、小石を入れて大まかな高さを出しておきます。

　ひとつずつ仕上げず、ある程度で次の石に進みましょう。あとで見渡すと、必ず直したい石が見つかるからです。全部の石が収まったら、長い板を差し渡して高さを揃えます。飛び石の上に立って揺らし、グラつきは小石をはさみます。石の周りは踏み固め、最後にホウキで土の塊を取り除いて完成です。

　ここでまったく別の簡単な方法を。地面の穴に直接モルタルで飛び石を作ってしまうやり方です。穴の外形は自由ですが、深さは4cm。底は平らに削り取ります。ここへ硬めに練ったモルタルを流します。地面よりも2cm高く平らに盛り付けてから、濡らしたウェスで縁を丸く「なで肩」に整えます。翌日、固まったら周りを土で埋めます。他の作業でモルタルが余ったら試してください。

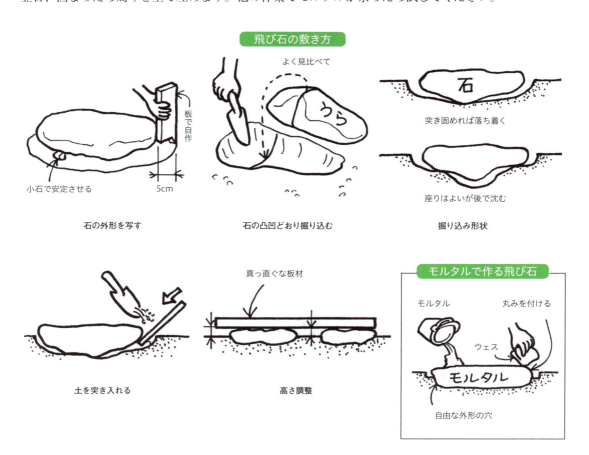

飛び石の敷き方

石の外形を写す／石の凸凹どおり掘り込む／掘り込み形状／土を突き入れる／高さ調整／モルタルで作る飛び石

応用例 3 池を作る

用意する道具: 剣スコップ、移植ゴテ、草削り、水平器、カケヤ、散水ホース

水のある庭は楽しいものです。池は心がやすらぎ見た目も涼しげ。そんな池を作ってみましょう。これは穴掘りの実践。こうなると涼しげどころか、ちょっと汗をかく作業です。庭の計画を立ててじっくり取り掛かりましょう。

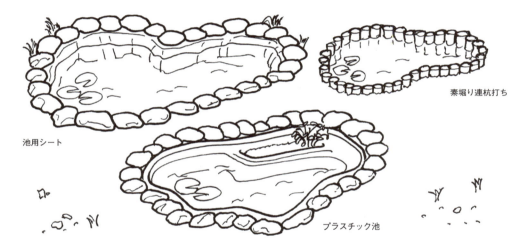

池用シート／素掘り連杭打ち／プラスチック池

○ 池の種類

　庭に作る池で大切なのは、水が地下に浸透したり、池の縁が崩れないように仕上げることでしょう。「プラスチック池（ひょうたん池）」はその心配がなく、施工も手入れも簡単なタイプです。構造としては容器と同じ。材質も軽いＰＰ製です。最近のものは底に段差が設けてあり、魚も植物も育てることができます。サイズとしては1.4mや2m幅のものがあります。

　一方「池用シート」で作る池は、外形やサイズが自由にできるのが魅力です。シートは塩ビ製で、サイズは3×4mや5×6mなど。必要な形に切って使います。もちろん防水は完璧です。施工にはやや労力が必要ですが、コンクリートを打って作ることを思えば、ずっと手軽な方法です。

　こうした便利な資材を使わず、昔ながらの「素掘り」でいく方法もあります。防水は粘土質の荒木田土を敷いて処置。荒木田土は造園業の店や、ネットショップで購入できます。これは最も自然に近い池と言えます。ただ水量が少しずつ減るなど、やや管理に手間のかかるタイプになります。これら3種類は手軽さを求めるか、それとも自然さを出すかの違いになります。

◯ 池の配置

　もし魚を飼うのであれば、隣家などの建物の陰または木陰がいちばんです。水温を低く保てるからです。また、池の四方から人が近づくのは、魚にとってストレスになるので、片側は普段の通路から遠ざけます。一方スイレンなどの植物を育てるなら、日当たりのよい場所。日陰か日なたかは基本的な選択肢です。

　池は大雨であふれることもあります。では軒下かとなりますが、南側の軒下は建物の照り返しで水温が上がりやすいので注意しましょう。そして歩いて危険のない場所を考えます。橋をかけたからと言って、普段もそこを渡るほうが近道という造りにはしないことです。また間違えて落ちないように、石で囲むなど目立たせます。そのほうが額縁になり、くっきりと見えます。細長い池の場合、庭の通路や窓から見た時に、奥行よりも池の幅広さが感じられるように向けます。奥行感を出すには、樹木を植えて水面に映し込むといいでしょう。

　水栓の近くに作るのが便利ですが、10mほどの距離なら散水用ホースでも届きます。また掃除の際は排水も必要です。庭でいちばん低い場所は、溜桝の中の水位。これよりも池の底が高ければ排水できます。しかしそうでなくても、洗濯機用のバスポンプで解決できます。

日陰がベスト

◯ 池用シートで作る

　池用シートなら自由な形の池にできます。最初にまず地面に外形線を引きましょう。有機的なクニャッとした線のほうが自然な雰囲気です。この線は石を置く場所。その大きさだけ内輪に掘ります。池の底は平面にする必要はなく、なだらかに高低を付けてもOKです。池の底はビニールなので、何年経っても深みの場所がドロに埋まることはありません。なだらかな変化という範囲です。そうでないと、後でシートのシワやヒダが多くなってしまいます。

　水深や水位そして石の位置など、全体の構造は次ページの断面図のようになります。池の縁は石を据えるため、土のかぶせ代として地面より5cm低い段にします。もっとも石が小さい場合は埋もれてしまうので段は不要です。石は池のすぐ縁に置きたいので、段が崩れないように「切り土」をして丈夫に仕上げます。草削りなどで削ってカドをピンと出しておくのがポイントです。

池用シートの張り方

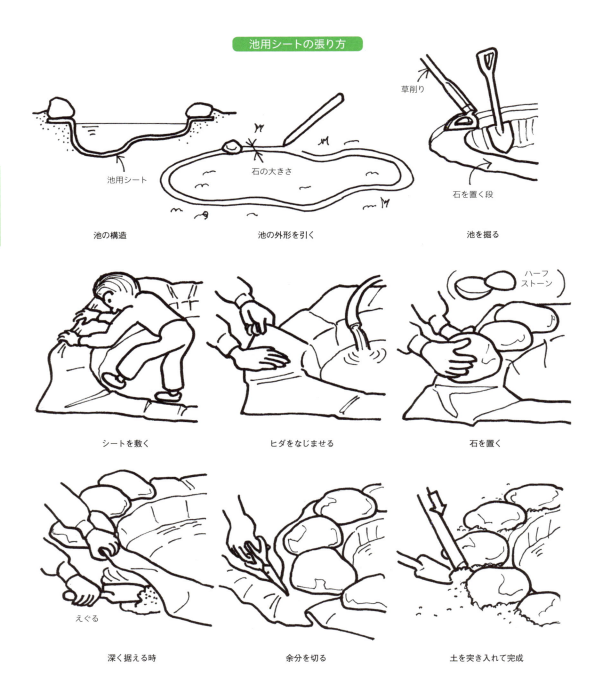

池の構造 / 池の外形を引く / 池を掘る

シートを敷く / ヒダをなじませる / 石を置く

深く据える時 / 余分を切る / 土を突き入れて完成

　掘った穴の表面にとがった石がないことを確かめ、穴にシートを敷きます。低い底面から始めて、ぴったり張り付くように押し広げます。底面になじんだ部分には端材を置いてシートのズレ防止。底全体に行き渡ったら、池の深さの半分まで水を入れます。シートが底に落ち着いたところで、タテ壁部分のシートをなじませます。ヒダは折り込み、薄く平らに収めて縁の段に敷き延ばします。

　池の縁の段に、シートの上から石を並べます。すき間は最小限に向きや取り合わせを工夫します。

手軽なのは半切りのハーフストーン。下面が平らなので置くだけでも安定します。丸い玉石は下に砂利を当てて転がりを止めます。給水用のホースを埋めるならこの時です。石のすき間から目立たないように出します。

並べて1周したら、すき間に土を突き込みます。すき間が大きい場合はモルタルを詰めます。しかしモルタルが付着した石は、いつか転用する時に困るので、最低限にしましょう。外にはみ出したシートは、10cmほどの余裕を持たせて切り取ります。さらに土をかぶせてシートを確実に埋めてできあがりです。

⭕ プラスチック池の場合

単体では容器然としたプラスチック池。しかしいったん埋めてしまえば、池として庭の風景によく合います。縁が高く出っぱってしまうと、その風情も台なし。縁をぴったり地面の高さに合わせるのがポイントです。

まずは地面に池の外形線を移します。穴はこのプラ池より5cm大き目が適当です。しばらく掘って半分の深さまでいったら、深さ目安の杭を打ちます。底はプラ池に沿った形でわずか深めに掘り、側面は外形線まで削ります。プラ池は縁だけを地面に引っかけたのでは、水の重さで変形します。穴全体を池に合わせ込んで、水圧を全体に受け止めるのが理想です。また掃除の際はプラスチックの上を歩くので、穴の表面に密着させておく必要があります。

目安まで掘れたら、プラ池をはめてみます。額縁の下端が地面の高さになるように狙います。位置が低ければ乾いた土または砂を撒き、高ければこじってなじませます。プラ池を外して当たった跡を削り、低い部分には土を足します。石をはさんで調節するのは、池が割れるもとです。プラ池は軽いので、くり返し作業も苦になりません。高さが合ったら、側面のすき間に土を入れて、突き棒で充分に詰め込みます。深いプラ池はこうした土決めだけでなく、水を足して練るように突き込む、つまり「水決め」で行き渡らせると確実です。ただ浮力で池が持ち上がるので、中にも5分目ほど水を入れて重くしておきます。仕上げに外周を石で囲みます。池の額縁が見え隠れするくらいが適切です。

プラスチック池の作り方

角スコップ / 深さ目安杭 / 道具を揃えるとラク

外形を写す　　目安まで掘る

前ページからのつづき

底をなじませる　　　　　　　　　土を突き込む

◯ 素掘りの池

「素掘り」とは地面に穴を掘っただけの状態をいいます。穴は池の外形よりも15cmほど広く掘ります。深さは5cm多く。そして底は水平に整えます。仮に起伏を付けても、土の底は数年で自然に水平へと戻ってしまいます。次はできた穴の縁より内側の、池の外形に当たる部分に杭を打ちます。径6cmほどの丸太ですき間なく配列させましょう。これが連杭です。杭の頭は平らに揃えるのが普通ですが、変化を持たせても結構です。この杭は掘って立てたのでは倒れてしまいます。確実に打ち込んでください。そして粘土質の荒木田土で防水処置です。杭の外側から、ぶ厚く塗り付けるように押し込みます。その外側には、先ほど掘り出した土を入れて踏み固めます。最後に穴の底へ、均等に5cmの厚さで荒木田土を敷き込みます。靴に粘り付いて作業しづらい時は、池の外から撒くだけでも構いません。水を張れば2週間で底は落ち着きます。なお大きな池ではいくつか飛び石を打っておくとよいでしょう。手入れのために池の中を歩くと、すぐに水が濁ってしまうからです。

素堀り池の作り方

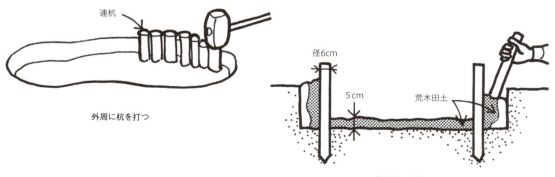

外周に杭を打つ　　　　　　　　　荒木田土を詰める

○ 給排水の方法

どの池の場合も掃除の時には給排水が必要です。水道管を敷く代わりに、地中に散水用ホースを埋めておくのも実用的です。まず池の給水側は、外周の石のすき間からホースを出します。これを地下5〜10cmの深さで埋めて、水栓までつなげます。これでもホースが土圧でつぶれることはありません。また硬くなった古いホースを再利用するチャンスでもあります。これもめったに割れません。「ホース接ぎ手」を使えば何カ所でも延長できます。

排水は上に吸い上げるのが基本。ちなみにプラ池でも排水口がないのが普通です。洗濯機用のバスポンプで吸って溜桝に落す要領です。代用としては灯油用の手押しポンプにホースをつなぎます。最初の数回を手で押して、水中でポンプを外します。池の底よりも溜桝の水位が低ければ、これで後は待つだけです。

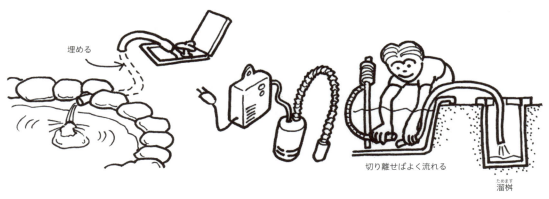

給排水の工夫

ホースを埋設して給水　　バス用ポンプ　　手押しポンプとホース

○ 池の水温

魚を飼う場合は水温が大切です。一般的に午前中の水温は、池付近の気温に対して2時間遅れで上昇します。午後2時頃の最高気温では、それよりも2°Cほど低い水温でピーク。午後は逆転して水温のほうが高くなります。そして明け方の最低気温を迎えても、水温は2°C高いといった推移です。魚の種類または池の場所を選ぶ時は、ピーク時の水温を予測しましょう。一般に魚を飼うなら日陰です。また大きな池でも酸素は足りません。水槽と同じ通称「ブクブク」を設置しましょう。水流よりも、水と空気を撹拌させることが大切です。

応用例 4 排水管を埋設する

立ち上がり水栓があれば庭の楽しみも倍増。手や道具そして収穫した野菜もそこで洗えます。水栓は水道屋さんにお願いするとして、流し台と排水を整えましょう。ここで始まるのは外流しと溜桝をつなぐ、排水管の埋設作業です。

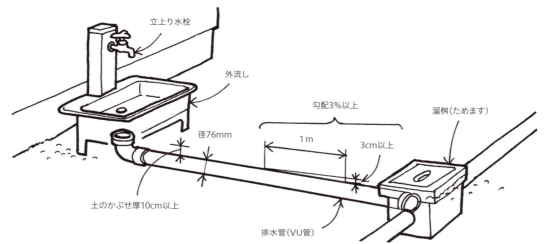

○ 排水管とは

　配管材としては「VU管」を使います。グレーの塩ビ管で、雨といよりも厚手の丈夫なパイプです。地中に埋めれば、上をクルマが通っても割れません。代表的な太さは表の通りですが、一般には呼び径65mmが多く使われています。接ぎ手は各種あり、中でも「大曲がり」や「Y接ぎ手」などは特徴的な形です。

　「外流し」の排水は「溜桝（ためます）」につなぎます。これらが3m以上離れている時は、水勾配がとれるかどうかが問題です。勾配は急なほど詰まりが防げます。呼び径65mm管の場合は1m当たり3cm、つまり3％以上の勾配が必要です。また管の上には厚く土をかぶせて、破損を防ぎます。最低でも厚さ10cm以上です。一方、溜桝の水位はたいがい地表から30cmくらいなので、距離が長

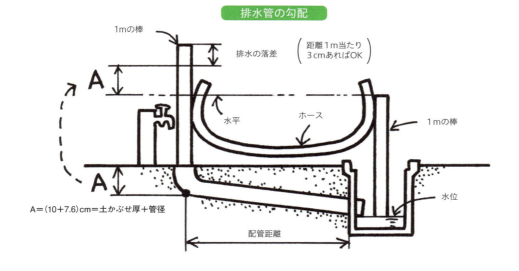

排水管のサイズ(mm)

呼び径	40	50	65	75	100	125	150
外径	48	60	76	89	114	140	165
肉厚	1.8	1.8	2.2	2.7	3.1	4.1	5.1

※呼び径(規格表示)は実際の外径よりも小さいことに注意

いほどムリが起きます。成り立つかどうかは地表の勾配を勘案し、水平器や透明ホースを使って測りましょう。管を通す場所は塀や建物のそばを避け、むしろ通路や庭の中央気味のほうが、後々じゃまになりません。

　下水道の方式として、汚水と雨水を分けて流す「分流式」の地域があります。その場合、同じ溜桝でも雨水桝と汚水桝は別です。これらは雨といに接続しているか、それともバス・キッチンかで見分けられます。異臭や川の汚染を防ぐため、流しの水は必ず汚水桝に接続します。また本来は排水管工事ができるのは、自治体が指定する下水工事業者とされています。それをあえて素人が実行するのですから、このルールは守りたいものです。そしてもし勾配がとれずに、溜桝を深くする大掛かりな工事になりそうなら、業者に依頼しましょう。

◯ 排水管を埋設する

勾配が確認できたら作業開始。まず地面に溝幅を墨出しします。外流しの排水口は中央か左隅にあるので位置を合わせます。ＶＵ管はやや長めに切り、接ぎ手を仮組みして近くに用意します。掘る道具は剣スコップまたは丈夫な唐クワなど。幅の狭いクワなら、やや硬い地盤もOK。さらに硬い場合はツルハシです。深さは3cmの敷き砂利分を足して見込みます。掘り過ぎは労力のムダだけではありません。そこに軟らかい土を盛って調節したのでは、管が沈むもとです。なるべくもとの地山の硬さを生かしましょう。深さ目安の杭を打てば確実ですが、これは深さを半分掘ってからのほうが軽く打てます。

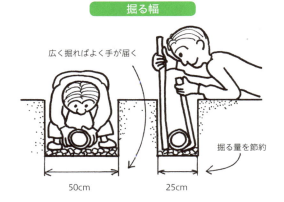

【掘る工夫】

どちらの端から掘ってもよさそうに思いがちですが、基本は下流の溜桝側からです。管を溜桝の水位より上に出すのを最優先します。さて右上の図は掘る溝幅の考え方です。掘りやすい土であれば、自分の肩幅ほど掘って、管の位置を調節しやすい体勢をとります。しかし砂利が多い場所だったら、ツルハシで掘り進むのは大変。その場合は管径にわずかなすき間を足した細い幅にします。体は入らないので、棒やバールで管を遠隔操作する方法になります。

【管の位置決め】

溜桝にＶＵ管を通す丸穴をあけます。この部分は薄くても一発であけるのは全壊するもと。タガネで円周に刻みを付けてから、打ち落とします。できた穴に管を通し、溝の底は端材で高さ調節して管を仮止めします。この状態で通水テスト。入れた水の勢いと同じに出てくればＯＫ。さらに管の中央をやや持ち上げてみて、まだ水が出る場合は、高さを直して管を直線に補正します。端材の高さを目安に、砂利または砕石を敷きます。管はいったん外し、丸太で突き固めます。時々長い板材を当てて直線を出します。端材は役目が終わったら取り除くこと。木材は数年で腐り、そこが空洞になるからです。また砂利が不足しても、薄く敷き延ばしたり、土で代用はしません。それよりは1ｍ間隔であっても、砂利で固めたほうが丈夫です。次に管を置き、転がり止めとしてごろた石で挟みます。溜桝付近は砕石だけで埋め、他はそっと土を入れて踏み固めます。表面はやや盛り上げた形で収めましょう。

【溜桝との接続】

溜桝の内側に出た管は塩ビノコや金切りノコで切り、すき間にモルタルを詰めます。細い棒で砕石の奥までしっかり突き入れましょう。モルタルの表面はゴム手袋の手でなだらかに仕上げます。流しを据え付けると水を使いたくなりますが、それは翌日まで待ちましょう。

第 2 章 排水管を埋設する

排水管の埋設作業

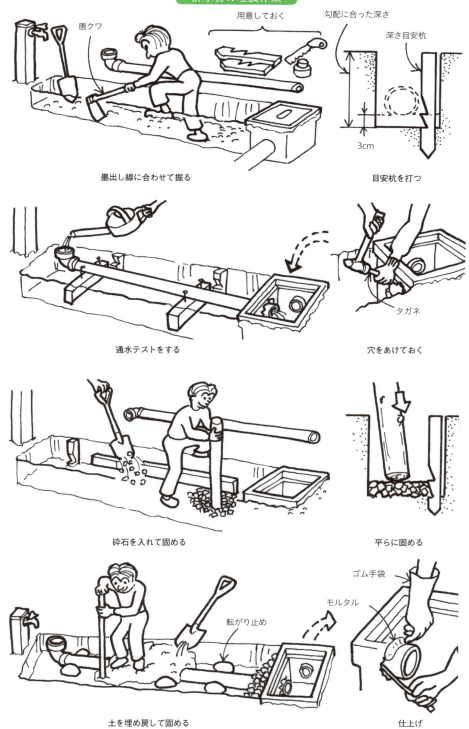

墨出し線に合わせて掘る　　目安杭を打つ

通水テストをする　　穴をあけておく

砕石を入れて固める　　平らに固める

土を埋め戻して固める　　仕上げ

応用例 5 U字溝を敷設する

こちらは汚水ではなく、雨水の排水をするための溝。雨で水溜まりができる庭なら、これがいちばんの解決方法です。U字溝は凹凸なく、きれいに整列させるのが腕の見せどころ。そして確実に水が流れるように気を付けましょう。

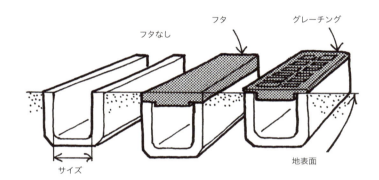

U字溝のサイズ(mm)

内幅	外幅	高さ
60	100	85
90	140	120
120	175	155
150	210	190
180	250	220
240	330	290

長さはいずれも600mm

○ U字溝とは

　上の図はフタ有り・なし・グレーチングなど、U字溝の納まり方です。上端はどれも地表の面に付き合う格好になります。同じ排水用でも、ここが埋設式の排水管とは違うところです。実際に水勾配の3％を守ろうとすると、付近の広い地盤に改造・整地が必要です。それでは大変なので、少なくとも途中に水が溜まることを避けます。窪みさえなければ、水ははけるという「圧し水」の考え方です。

　敷く場所は地盤が低い雨水の集まる所。特にグレーチングは効果的です。一方のフタなしでは土圧で割れやすくなります。車庫近くでは、脱輪や踏み倒しの恐れもあります。また塀に隣接すると、基礎が浅くなって塀を弱めがちです。

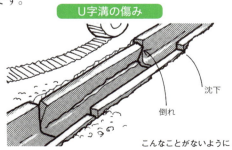

○ 施工の方法

　フタ付きを例に施工します。地盤を見て、溜桝に向かって低くなる勾配なら理想的です。この逆であれば、U字溝の水勾配本位、またはゼロ勾配に敷設してから、付近の地盤をなだらかにすり付けます。掘る溝の寸法は図の通り。剣スコップまたは唐クワで掘ります。溝の底には、60cmごとの継ぎ目部分にレンガを置きます。これは隣り合うU字溝の沈下ずれを防ぐ念入りな処置。省いても構いません。他は砂利または砕石を敷き、丸太でたたき締めて平面を出します。

　ここにU字溝を整列。すき間ができた時はモルタルを詰め、コテで整えます。底面は上側からだけになります。この状態で1晩養生。翌日フタをして、側面に土を突き込みます。フタは必ずU字溝の継ぎ目に合わせます。隣へ載せ掛けると数年後にガタつきが出やすくなります。なお雨水なので、すき間の大きい浸透型も考えられますが、それではU字溝が不揃いに沈下し、保守が面倒になります。

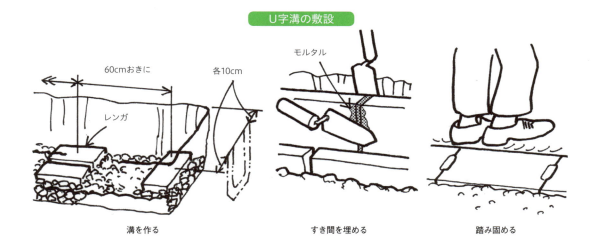

U字溝の敷設

溝を作る　　すき間を埋める　　踏み固める

○ カーブを作る場合

　U字溝には、曲線につなぐ接ぎ手がありません。側溝用として、大雨の際の速い流速を優先してできているようです。カーブは局部的にせず、すき間が細い三角形になるようにすれば、モルタルで埋められます。どうしても強いカーブになる場合はU字溝の切断です。ダイヤモンドホィールを装着したディスクグラインダなら切れます。当然フタも同じ角度に切ることになります。

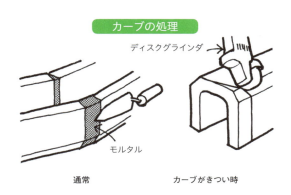

カーブの処理

通常　　　カーブがきつい時

COLUMN 2　少しずつ作る庭

期間を分けて作ろう

　池を中心にした水を楽しむ場所。考え始めると、そこには立ち上がり水栓を引きたいし、噴水もポンプもほしくなります。さらに背景にはレンガをあしらい、草花を植える。そして水栓は道具や収穫物を洗える場所にもなり、バーベキューの下ごしらえをする流しへと発展する計画にもなります。さてこれを全部セットにして、いっぺんに完成させようとすると大規模な工事です。それだったらプロに依頼したほうがよいでしょう。

　しかしひとつずつ完成させるつもりになれば自分でできます。1期工事、2期工事という具合に分けましょう。池ができたらひと休み。魚も水草も、どちらのほうが育つかは時間を置かなくてはわかりません。それによって展開の方向が変わるかもしれません。計画は計画として、成り行きも庭をおもしろくする要素です。自分で作る庭は、計画を固定して実現するよりも、様子を見ながら将来の選択肢を描いて選ぶという進め方のほうがよさそうです。

第3章
セメントを使う

CONTENTS

基本作業 1	モルタル練り	72
基本作業 2	コンクリート敷き	78
基本作業 3	水盛り遣方	80
基本作業 4	型枠工事	84
基本作業 5	ブロック積み	88
基本作業 6	ハツリ	94
基本作業 7	レンガ積み	96
基本作業 8	タイル貼り	102
COLUMN 3	使いたい道具	110
応用例 1	ブロック塀を化粧する	114
応用例 2	アルミフェンスを建てる	118
応用例 3	ブロック塀を補修する	122
応用例 4	門扉を直す	126
応用例 5	アプローチの敷石を作る	128
応用例 6	バーベキュー台を作る	132
応用例 7	外流しを作る	136

第3章

セメントを使う

ここからはセメントが主役。これなら丈夫で半永久的な工作物ができます。そしてしっかりした庭の骨組みになります。材料も道具も入手は簡単。すぐ始められる身近な材料ですが、作業の前にちょっと基礎知識をどうぞ。

◯ セメントとコンクリート

つい混同しがちなのが、セメントとコンクリート。これは配合する材料の違いです。まずセメントとはおなじみ、セメントだけの粉です。これに砂を混ぜて水で練ったものがモルタル。さらに砂利を加えたものがコンクリートです。後の二つは硬化した固体も、ドロドロの混合液も同じ名前です。区別が必要な時には硬化前の流動体を、それぞれ生モルタル（＝トロ）、生コンクリート（＝フレッシュコンクリート）と呼びます。水にセメントだけを混ぜて作った液はセメントペースト（＝ノロ）で、これは表面の接着効果を高める、特殊な用途に使います。

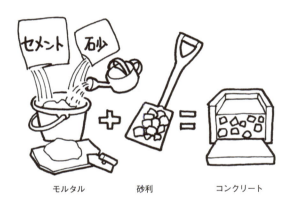

モルタル　　砂利　　コンクリート

◯ コンクリートの魅力

コンクリートの工作物は丈夫なのがいちばんの魅力です。長年月にわたって雨に打たれても、変わらない強度を持ちます。自由な形に成形可能で、巨大なものもでき、重さで安定するなど、建築物や構造物に適した材料です。

庭で扱う場面では、柱を湿気から保護したり、通路のぬかるみを防ぐ材料。木材では耐久性が不足するような工作物に使います。つまりメンテナンスフリー化のための材料になります。しかしいくら便利でも、大量に使って庭をおおい尽くすようになると、殺伐とした風景になってしまいます。高い塀にしたり、コンクリート敷きの通路を庭木の根元まで張ってしまっては、まるでオフィス街。コンクリートはここぞという場所だけに使いたいものです。

砂利を含まないモルタル状態なら、接着や充てんなど自由に使える材料です。代表的な用途はブ

ロックやレンガ積みの接着材料。積み木感覚で作っても、かなり大きな作品まで可能です。また修理にも。これが工作用の接着剤では雨にやられて長持ちしません。恒久的な修理になるのがモルタルのよいところです。

　大きな工作物はブロックをモルタルで組み上げるのが手軽な手法です。またレンガを使った洋風の味わいも格別です。一方、枠にコンクリートをドカッと流し込んだ、一体の構造物は後で変更が利かないので慎重に。単位となるブロックで組み立てておけば、変更の際も目地を切って再利用も可能です。これも考慮に入れて計画するとよいでしょう。

コンクリートに囲まれては……

◯ モルタル作業の楽しみ

　日曜左官屋、日曜タイル屋といった具合の作業。休日の限られた時間なので、モルタル塗りにも効率と精度は大切です。しかしここは積み木感覚、粘土感覚でいきましょう。水もモルタルも生き物のようなものです。早く早くとせかしてはうまく付いてくれません。モルタルに触れて対話するくらいの余裕を持ってください。水を使って硬化の時を待つ「湿式」の作業は、建築ではしだいに少数分野になりつつあります。工程に時間がかかる高価なものだからです。これを自分で行うことは、それだけぜいたくな時間を過ごしているわけです。

　もっとモルタルで遊んで、手に伝わる感触でモルタルの性質を体得すれば、より確実な制作ができます。そしてやり方や道具もいろいろ変え、時には自分で道具を作りましょう。こうした工夫をすることで、さらにいいアイデアが湧いてきます。制作中のアドリブも大切。予定と違う形になっても、気に入ったものに仕上がればOKです。

没頭できるモルタル作業

◯ コンクリートが硬化するしくみ

　生コンクリートは「水和反応」という、一種の化学反応で凝結します。ドロドロの混合状態の中で、水とセメント粒子が触れると水和反応を起こし、セメント粒子の周りに水和物ができます。作業で入念に練るのは、このふたつを確実に触れ合わせるためです。水和物はセメント粒子と骨材とを結び付け、凝結が進みます。練り始めてから1日ないし4日間は急速な凝結が起きる過程です。さらに1ヶ月、水和反応はセメント粒子の芯まで進み、コンクリート内部の水がすべて水和物に置き換わることで完全に硬化します。

　反応は45℃までなら、温度が高いほうが早く進みますが、これより高いと材質が弱くなります。またコンクリートを湿った状態に維持することが大切です。直射日光で乾燥した部分は反応が止まってしまいます。施工後にシートをかぶせたり、水をかけるなどの養生処置はこの予防です。

　水和に必要な水は少量で、練り加減がボソボソの状態であっても足ります。しかしそれでは塗りにくく、型に流し込みにくいので、普通は余分に水を入れます。これが多過ぎると、水和で余った水は表面に移動して蒸発し、水が通った道は微細な管状の穴になります。また砂や砂利などの骨材の表面に付着した空気は気泡となって残ります。こうした穴やすき間がコンクリートを強度不足にします。コンクリートの強度を出すには水和反応を確実に進めることが大切で、塗る作業そのものよりもむしろ準備と養生のほうがポイントになります。

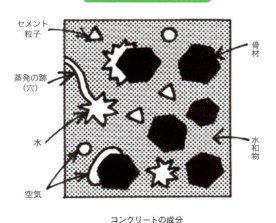

コンクリートの成分

固さの変化（気温20℃の湿った条件下）

練り始め0.5時間後	粘りが出てくる。
2時間後	流動性が少なく、コテが重い。
4時間後	ほぼ形を維持する。クギで字が書ける。
1日後	ツメを立てると凹むが、ほぼ固い。
2日後	上を歩ける。こすると砂が落ちる。コンクリートの継ぎ足しOK。
4日後	たたいてもOK。型枠は外す時期。
1ヶ月後	実用強度（建築の設計強度到達）
6ヶ月後	ほぼ最高の強度

◯ セメントの種類

　一般に入手できるセメントの成分はポルトランドセメントです。「普通ポルトランドセメント」はセメント粉だけが入っていて、自分で砂を混ぜて使うタイプ。名前の「普通」とは、急結や防水タイプとの区別です。そして最初から砂も入っていて、すぐ使えるのがインスタントセメントです。この場合の砂とは5mmのフルイにかけた細骨材を言います。ほとんどの作業にはこれが便利でしょう。ただし粒径約4.5mmの骨材が混ざっているので、塗り厚5mm以下には使えません。その場合は、先ほどのセメントに細目砂（25キロ袋）を混ぜて使います。

　用途別には、樹脂セメント（＝接着セメント）、急結セメント、防水セメントがあります。これらはポルトランドセメントに各種混和剤を加えて、性質を調整したものです。これらは砂も入ったインスタントタイプのほうが多く出回っています。白色セメントは、成分中の酸化鉄を少なくして白くしたもの。特殊な砂を配合したインスタントタイプです。どれも1キロ袋からあります。

　セメントないしインスタントセメントに混ぜて使う混和剤には急結剤、防水剤などがあります。入れ過ぎるとヒビ割れするので、混合率を守ることが大切です。「混和剤」とだけ表示してある製品は保湿剤。凝結を遅らせてコテの伸びをよくします。すでに他の混和剤成分を含んだセメントには混ぜないほうが無難です。また小出しに作るモルタルには、用途別のセメントのほうが便利でしょう。

セメントの種類

普通ポルトランドセメント	砂と混ぜて使う本来のセメント。25キロ袋入り。
インスタントセメント 砂(細骨材)入り	「普通ポルトランドセメント」に砂を配合。水を加えるだけでモルタルになるので便利。
インスタントセメント 砂利(粗骨材)入り	さらに砂利も配合。水を加えるだけでコンクリートになる。コンクリート敷きなどに。
樹脂セメント (＝接着セメント)	接着剤樹脂を混ぜたもの。タイル貼り付けなど、初期の接着力が必要な時に。砂の粒子も細かくて使いやすい。
急結セメント	急結剤配合で凝結が速いタイプ。主に修理用。
防水セメント	防水剤配合。池や屋上などに使う。
白色セメント	酸化鉄を少なくしたもの。タイルの化粧目地用。

混和剤の種類

急結剤	凝結を早める薬品。液体タイプが多い。
防水剤	防水、防湿用混和剤。液体。
着色剤(色粉)	白色セメントに混ぜて調色する。5～10色ほど。
混和剤	保湿剤。凝結を遅らせてコテの伸びをよくする。

基本作業 1 モルタル練り

何と言っても、モルタル作業は練ることから始まります。自由に使えるように、付きのいい、伸びのよいモルタルを求めていくと、やはり練りながら自分の手で感覚をつかむのがいちばんです。まずは練ってみましょう。

○ モルタル練りの目的

例えばインスタントセメントなどは、適当に水を加えて混ぜれば使えます。しかし用途と作業にぴったり合うモルタル、ないしコンクリートを作るには加減が必要です。地面に敷くか壁に塗るか、また目地詰めなど、用途によって固さも混合比もいくつか使い分けたくなるからです。またできた量に不足や余りがあってはやりにくく、それ以前に不経済。ちょうどいい量を予測するのも大切です。思いどおりの固さに作れるようにしておきましょう。そしてセメントが持つ性能を充分に発揮できるように、よく混合して均一なモルタルを作ります。

○ 材料の配合比

表は材料の配合比です。重量ではなく体積で測ります。大量に作る場合は重量を割り出すこともありますが、それも体積をベースにしています。基本はバケツで測る方法です。できあがる量は、より大きい骨材のほうの体積が目安になります。例えばこの表のモルタルの欄を見ただけでは、セメント1杯に砂3杯を混ぜると、4杯のモルタルができそうに見えます。ところが実際はセメントが砂のすき間にすべて入り込み、結果としてできるモルタルは3杯。コンクリートの場合も、できる量は砂利の体積と同じになります。

セメントの材料の配合比（容積比）

	セメント	砂（細骨材）	砂利（粗骨材）	できる量
ノロ	1	—	—	1
モルタル（標準）	1	3	—	3
モルタル（特殊接着）	1	2	—	2
コンクリート	1	3	6	6

配合比は、用途によってやや変える場合もあります。接着強度を高めたい場合はセメントをやや多くし、経済性と圧縮強度を高めるには砂利の配合を増やします。一方、水の量は練りながら固さを加減することになります。

◯ 練り作業

モルタルを作ってみましょう。例としてバケツ3杯分のモルタルの場合です。まずトロ舟に砂をバケツ3杯、セメントを1杯入れます。そして角スコップまたは練りクワで空練り。量が多ければ角スコップ、少量には練りクワが便利です。ちょうどこの砂3杯の量が使い分けの境目でしょう。まだ水はないのでスコップは軽く動きます。底から裏返すようにして隅々までまんべんなく。もちろんインスタントセメントならこの作業は不要です。混ざったら山にして、中央に窪みを付けます。ここに水を入れて水練り。水の量はこの山の体積の1／4以下くらいから始めます。周りからすくって窪みに入れる要領です。トロ舟の隅には乾いた粒が残りやすいので、よく混ぜ入れます。

水を入れ過ぎるとやっかいです。水はいつも流動体部分に狙って継ぎ足し、そこへ粉体をかぶせて混ぜるようにします。固さはミソくらい。スコップで切った切れ端がしばらく立っているくらいが目安です。

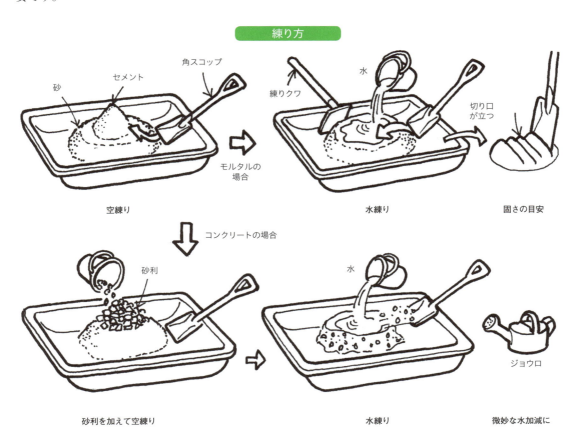

練り方

次はコンクリートの場合。砂利は前もって水をかけて含ませ、水をきったものを用意します。これは石粒の表面にモルタルがよく付着するための処置です。乾いた石では気泡を巻き込んでしまいます。同様の意味で、砂利は砕石よりも丸い石が上等です。これを空練り後の「セメント＋砂」に加えて、さらに空練りします。これを省いて「セメント＋砂＋砂利」をいっぺんに空練りしては、均一に混ざりません。こうしてできた混合物に水を加えて練ればできあがります。

混和剤を使う場合は均一によく行き渡るように。粉末剤は空練りの最初に入れます。液体であれば練り水に溶かして加えるのが確実です。ごく少量のモルタルなら、バケツで練ることも多いでしょう。深いバケツは固さを調べにくいので、小さいトロ舟か調理用のバットなどのほうが便利です。

◯ モルタルの固さ

モルタルの固さは、図のようにコテや手に握った感触で区別します。標準的な固さはミソくらい。コテの伸びがよく、タテの壁面も滑らかに塗れます。マヨネーズほどの軟らかいものは、型枠の細部に行き渡る流動性がほしい場合に使います。食品名が続きますが、さらに薄めのポタージュ状に溶いたものがトロ（＝モルタルペースト）です。水分の吸収が激しい面へよく食い付きます。

固めのモルタルとしてはパサトロ。先ほどのトロとは矛盾する名前ですが、これはモルタル自体をトロと呼ぶ習慣があるためです。手で握ればギュッと固まります。流動性はなく、モルタル自身が形を保持してくれるのでレンガ積み用。荷重で崩れたり歪まない固さです。さらに固いボソトロ。握ってもこぼれてまとまりません。これは土間打ち用。塗ったそばから、その上に乗って作業する必要があるからです。これでもコテを強く押せば、水が浮いて表面は滑らかに仕上がります。これらの練り加減は、実際にコテで塗って体得しましょう。

ちなみに建設現場では、モルタルの固さを次ページ図のような「スランプ値」で表しています。言わば固さのものさしです。カップ（コーン）にモルタルを入れて上へ引き抜き、沈み量を測ります。沈み量が多いのは軟らかい証拠。実感にも合います。ここまでする必要はありませんが、プロでも実際に固さを目で見て確かめていることがわかります。

固さの目安

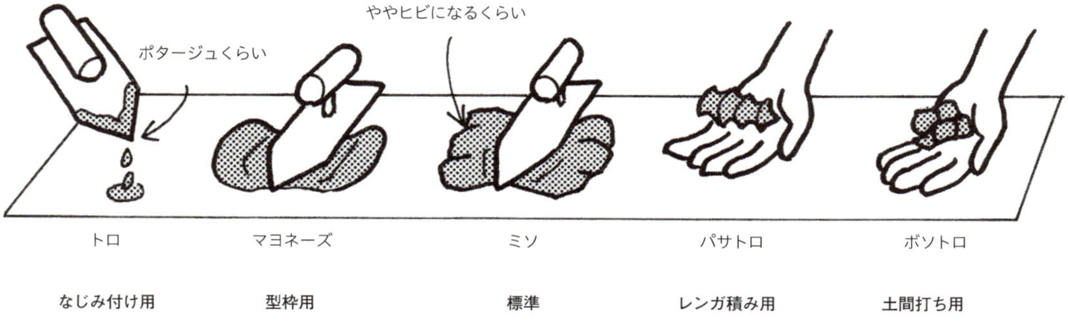

トロ	マヨネーズ	ミソ	パサトロ	ボソトロ
なじみ付け用	型枠用	標準	レンガ積み用	土間打ち用

ポタージュくらい ／ ややヒビになるくらい

第3章 モルタル練り

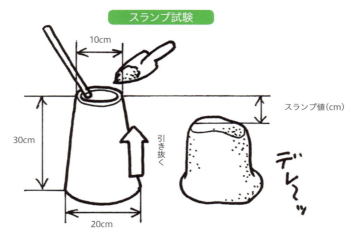

○ コテ板の使い方

　練ったモルタルはコテ板に取って使います。モルタルの調子を整えながら切り分けて、使う量を調節する板です。ちょうど絵の具を使うパレット。違うのは、コテが筆の穂のように絵の具ならぬモルタルを含んでくれないことです。またモルタルは絶えず練っていないと粘りがなくなります。そこで自然と伸ばす、まとめる、切り出すといったリズミカルな動作になってきます。モルタルの端はいつも同じ厚さにならしておけば、切る幅で使う量を加減できます。そしてスコップのようにコテですくい取り、使う場所に落とします。

　壁面を塗る場合は、コテ板を壁に近づけて押し出します(次ページ図)。モルタルを壁にたたき付け、伸ばしていきます。しかし仕上げのキメどころでは、コテ表（下面）にモルタルを載せる必要があります。その要領は図のように、コテを持ち上げると同時に、コテ板も1バウンドだけ起こすのがコツです。

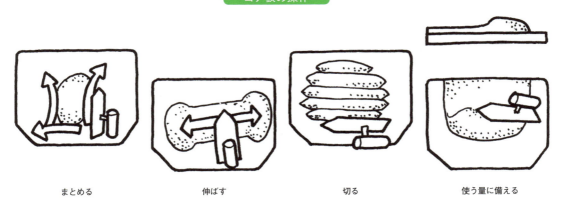

まるごとわかる！庭づくりDIYの基本　75

　コテを動かしていて、固さを変えたくなる場合があります。少量だけ作った時にはよくあることです。コテ板の上で混ぜ直す、微妙な水加減は霧吹きを使うのが便利で確実です。またインスタントセメントを空きびんに小分けして用意しておけば、微量をすぐに振りかけて使えます。いずれも作ってから時間が経って、固まり始めたモルタルに加えると劣化するので避けます。

ADVICE コテ板を作ろう

　コテ板は市販されていますが、気に入ったサイズがない場合は、自分で作るのも楽しみです。補修作業など、少量のモルタル用なら小さくても構いません。また小型のトロ舟やバット、ないしバケツに合わせて、フタを兼ねたコテ板も重宝です。ただし丸形は壁や目地詰め作業に使えないので、1辺は直線にします。

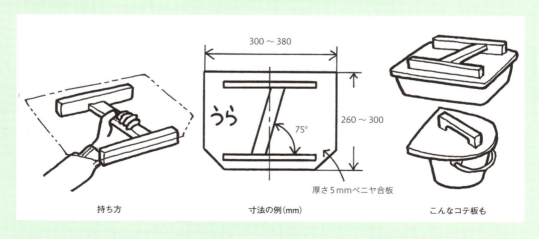

◯ 混入を避けたい異物

　モルタルを作る時は異物に注意。スコップに付いた泥が混入すると、モルタルの強度が低下します。ただ生モルタルを地面に流すなど、土に接触するだけなら構いません。またやや特殊ながら、砂糖などの糖分が混ざると凝結しません。

　塩分は鉄筋がサビるので避けます。最近は川砂でなく海砂ですが、「洗い砂」の表示があればOKです。またビニールやプラスチック片はセメント分が接着しません。硬化後にその界面が割れるもとになります。なお、凝結し始めたモルタルに、水やセメントを追加すると強度が落ちます。もし追加する場合は、練りはじめから1時間以内、30分硬化型は10分以内にすませましょう。

◯ 後始末

　モルタルはなるべく使い切るようにし、残ったら新聞紙に取って捨てます。モルタルはいくら薄めても、排水口には流さないこと。後からどんなに勢いよく水を流しても沈殿が速く、堆積物は管の中で固まってしまいます。だからと言って庭に撒いたのでは植物を害し、また土が雨水を浸透しなくなってしまいます。

　使い終わった道具は水洗い。しかしこれも同じ理由で、蛇口から直接の流し洗いは避けましょう。バケツの中でブラシ洗いです。溜まった水は図のようなフィルターで漉して流します。利用しているのは、古いトレーナーの袖やジャージパンツの筒部分です。これならフィルター面積を大きく確保でき、あふれることなく沈殿成分を確実に取り除けます。底抜けのバケツは、これの口を広げて固定する台です。セメントを再利用というわけにはいきませんが、砂や砂利は回収して使えます。最後に、コテには薄く機械油を塗っておきましょう。

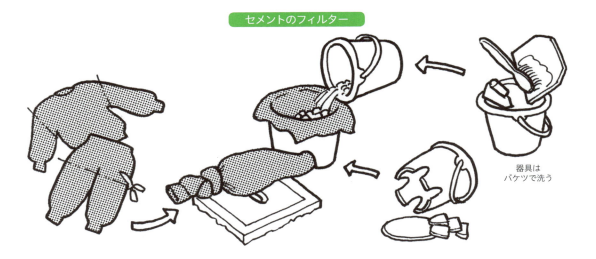

セメントのフィルター

器具はバケツで洗う

コンクリート敷き

基本作業 2

用意する道具
- カナヅチ
- ドライバドリル
- 水平器
- 中塗りコテ
- 面引きコテ
- ホウキ

コンクリートで平らな場所を作るのが「コンクリート敷き」です。塗ると言うよりは、コンクリートを打つ作業。流し込んでできる、型枠工事の初歩です。でもこれは意外に簡単。雨でも汚れない便利な場所を作ってみましょう。

第3章 セメントを使う

○ コンクリート敷きの目的

　水溜まりや、雨ではね上がる泥水を防げるのがコンクリート敷き。濡れ縁の先など、建物の出入りに靴脱ぎ石的なタタキ面を設ければ便利になります。大きなものでは、作業場や車庫の土間コンクリートへも応用が可能です。歩き回りやすく、器具を置いてもガタを踏まない平らな場所です。ここでは小さめにコンクリートを流し込んでみる作業。大掛かりな工事の前にちょっと経験しておきたい、小手調べならぬコテ調べです。沈下を防ぐ砕石敷きの効果、水勾配、そして流し込んだ後のコンクリートの挙動などをつかんでおきましょう。

○ コンクリート敷きを作る

　想定は1m角ほどの靴脱ぎスペースです。外形や位置を決めたら、その周りを10cmほど大きく掘ります。深さは図のようにコンクリートの踏み面から逆算します。そしてコンパネで四角くせき板を作り、杭を打って固定。杭がずれたら、薄板をはさんで調節します。接合はドライバドリルで木ネジを打てば、反動もなく簡単な作業です。せき板の天端は平面に揃え、歩行方向に水勾配をとります。またカマボコ形に中央部を盛り上げるのは踏んだ時に落ち着きません。

　枠の中には砕石を入れ、太い棒で打ち締めます。要らない石やコンクリート片も入れれば経済的。さらに軽く砂を撒いて目つぶしにし、この上にコンクリートを流します。行き渡りにくい、せき板の内面は棒で突けば効果的です。コンクリート表面に砂利が出っぱったら、板で押して沈めます。そして板を定規にしてならします。約4時間後、表面が硬化し始めたらホウキでクシ目付け。上塗りモルタルの付きをよくするためです。この状態でシートをかぶせて養生します。

　2日後（確実には4日後）、せき板を取り除きます。そして水をかけて、ワイヤデッキブラシで表面ににじんだアク（レイタンス）を取り、同時に水湿しにします。上塗りモルタルの固さはミソくらい、またはやや固めに。側面から中塗りコテで塗り上げます。時々、定規を当てて平らを確認。早い時点で大ざっぱな平面を出すのがポイントです。ツヤを出そうとすると視野が狭くなりがちで、いざ離れ

第 3 章 コンクリート敷き

て眺めると大きな歪みに気が付きます。またポロポロと崩れるカドの稜線は、面引きコテで整えます。なお滑り止めにはホウキでクシ目付け。化粧なので定規を当てて、端から端までを一息に真っすぐ引いて仕上げます。

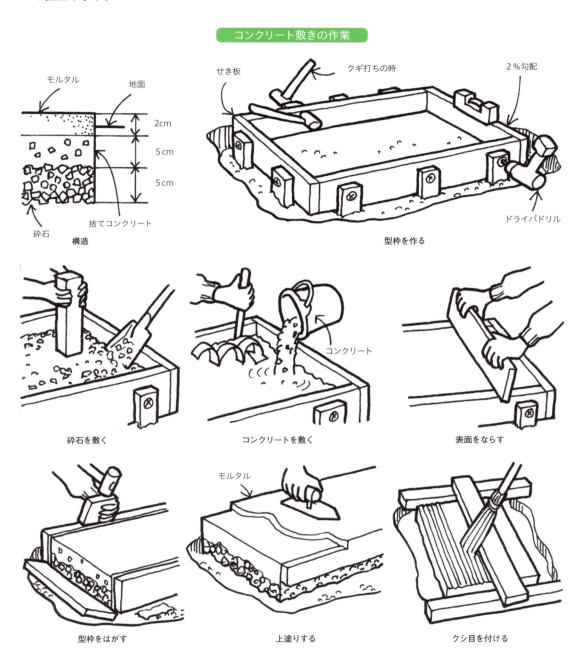

コンクリート敷きの作業

まるごとわかる！庭づくりDIYの基本

基本作業 3 水盛り遣方

建物や工作物の計画は、凸凹の地面に線を引いても表せません。まずは水平を出してから、水糸を張って…という作業が始まります。早く正確に作るための準備作業です。面倒なように見えても結局は早道。やってみましょう。

◯ 水盛り遣方とは

　水盛りとは水平の基準を出す作業で、ホースの中の水位を見ながら行います。また遣方（やりかた・遣形）とは柱や壁の位置を出すこと。つまり水糸を張るための杭を打つことです。このふたつの作業は、片方だけでは役目をなしません。普通は分けずに同時に行うので、水盛り遣方と言います。下の図はデッキの基礎を作る時の例。基礎石（沓石）の天端を揃えるための遣方です。図では基礎石がほの見えていますが、水糸を張る時は当然それがありません。ちょっと想像力を使って、地面とは無関係に水糸で空中に水平の仮想線を引く作業です。その水糸を張る、正確な台を作るのが水盛り遣方の作業です。

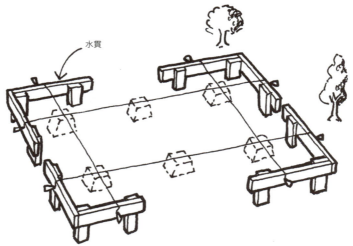

デッキ基礎の通り芯を出した状態

作業で立ち回る都合上、遣方杭は建物の外形から少なくとも50cmは離しておく必要があります。しかし現実には既設のフェンスや塀が迫っていて、きれいな長方形には収まりません。また杭を正確な位置ないし鉛直に打つのは困難です。思う位置に打てなくても、遣方杭のL形のカドはほぼ直角で、水貫さえ正確な水平に収まればよしとするのが現実的です。水糸2本を張った時は接触交差してほしいからです。水平な水貫の上で、水糸を次々に張り変えて移動できれば工事はスムーズにいきます。

◯ 水盛り遣方の作業

ブロック塀を例に実際の作業を見ます。ブロック塀の場合、積みピッチの水糸は順次上に移動させるので、タテ遣方の方式です。しかしこの説明だけではちょっと特殊なので、前半はデッキなどのごく一般的な方式も混ぜてあります。

【基準の設定】

まず水平の基準を設定します。ブロック塀でいちばん大切なのは基礎の天端高さなので、これが基準です。普通は平均的な地面（GL・グランドライン）から5cm上といった決め方をします。ここでは近くの、既設ブロック塀の基礎高さと揃えることにします。これが食い違うと落ち着かないからです。計測作業をやりやすくするため、50cm上に逃げて、この高さを基準にします。そして先ほどの既設ブロック塀に目立つ印を付けます。これがベンチマーク（BM）です。

一方、塀の位置は敷地境界杭を基準にします。つまり塀の外面は境界線に合わせます。もしこれがデッキなら、建物と平行に設定するところです。ここで塀の平面外形を地面に引きます。これを「地縄を張る」と言います。塀の遣方杭の位置は、この外形から50cm外側。地面に長方形の配置で印します。動かせない障害物があれば引っ込めますが、杭3本組の位置関係は直角を保って平行移動する考え方です。これらの線はチョークラインで引くのが便利です。

基準出し

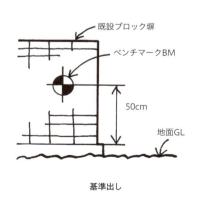

基準出し

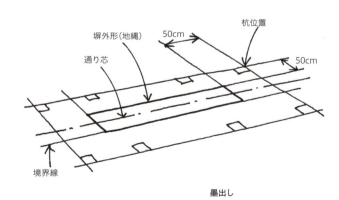

墨出し

【遣方杭打ち】

　地面の印に従って杭を打ちます。ベンチマーク高さに余裕を見て、地上高60cm程度まで打ち込みます。グラつきがあれば根元の土をカナヅチでたたき締め、傾いた杭はほぼ鉛直に修正します。普通の工作物なら四隅とそれに付き合う2本、合計12本の遣方杭を打ちますが、このようなブロック塀は幅が狭いので8本で足りています（左下図）。

　さてアスファルト道路に面した塀の場合は、そこに杭は打てません。その場合は、後で出てくるタテ遣方だけを建てることで間に合わせます。また隣家の庭に杭を打てるかどうかとなると、これは普段の付き合いによるでしょう。

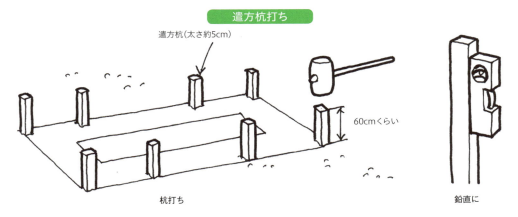

【水盛り】

　すべての杭にベンチマーク（BM）高さを移し取ります。専用の水盛り缶も市販されていますが、透明ホースさえあれば充分です。水面が常に水平を保つ性質を利用します。作業としては、まず先ほど既設塀に印したBMに、ホースをしっかり固定します。杭や針金などで工夫してください。そして水を注ぎ、反対側の先端からこぼして、水位をBM高さに合わせます。この先端を遣方杭に持って行けば、水位が示す高さは他端と同じBM、つまり基礎の上50cmです。この水位を杭に印します。水面は下にくぼんだ曲線を描いていますが、その底を読んで印をするのが正確です。そして、同様にしてすべての杭へ移し取ります。これが水貫高さの位置決め線になります。

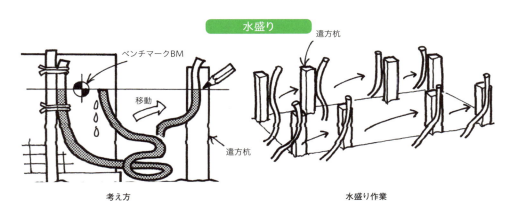

第3章 水盛り遣方

【水貫の設置】

　水貫にする板は、カンナがけされた真っすぐな杉板が適当です。水盛り作業で位置決めした印に、板の上端を合わせて打ち付けます。ドライバドリルで木ネジ止め、またはクギ打ちにします。これが突き抜けた場合はケガのもと、端材などを当てて保護しましょう。次にタテ遣方を用意します。あらかじめ積みピッチを表示しておけば作業がラクです。塀の外面を規定して、積みピッチの指標になります。この板を水貫に木ネジ止めし、下側も補強します。正確な鉛直に建てるためには下げ振りを使い、微調整は間に薄板をはさんで取り付けます。押してみてグラつく場合は控え（つっかえ棒）を設けます。別法には、タテ遣方だけを単独で杭として打ち込む方法もありますが、正確な位置に打つのは困難です。

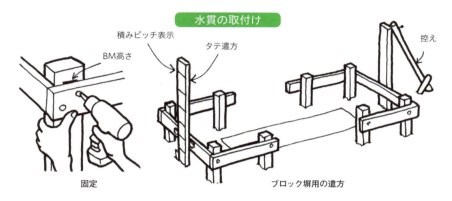

水貫の取付け

積みピッチ表示　タテ遣方　控え
BM高さ
固定　　　ブロック塀用の遣方

【表示の方法】

　いったん工事が始まれば、何度も水糸を張り替えるので、水貫は印だらけになります。混乱を防ぐため、それぞれの印には名前や寸法も記入しておきましょう。図はその例です。よく出てくる「逃げ墨」は水糸が作業のじゃまになる時に、きりのよい寸法だけ避けて打つ墨です。逃げた量も一緒に記入しておかないと紛らわしくなります。特に数人の共同作業では、誰にも分かる明確な表示が必要です。共同作業でもうひとつ気を付けたいのは、立ち回り中に水糸や遣方杭に体がぶつかることです。重要な基準だけに、狂ってしまっても黙っていたくなります。これではダメ。「オーイ、すまん」という声が出せる状況にしておくことが大切です。「じゃあ、すぐ直そう」となるのがいいのであって、責めたり責められたりではいい作業にはなりません。

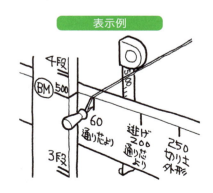

表示例

基本作業 4 型枠工事

自由にコンクリートを形作れるのが、型枠の手法です。大掛かりな工事現場を連想しがちですが、ここではもっと簡単な作り方。プロの手法のうち、便利なことだけを取り入れます。ブロック塀の基礎を例に見てみましょう。

用意する道具：ドライバドリル／ノコギリ／ペンチ／カナヅチ／角スコップ／水糸

◯ 型枠の目的

　コンクリートは容器状の場所へ流し込めば、自由な形に成形できます。アーチも階段も型枠の形しだいです。できたコンクリートは重いので安定します。よくあるのは沓石を土決めする代わりに、安易にコンクリートを流してしまうこと。掘った穴の通りに固まります。確かにこれでも安定しますが、形はいびつで、再利用はできません。また「せき板（型枠の板）」を埋めたまま、沓石を作ると、後で板が腐食してグラグラになります。板は確実に取り出すのが原則です。

　型枠とコンクリートのいちばん効果的な利用は、連続した布基礎を作ること。沈下に強く、フーチング（足）を設ければ、ほとんど沈みません。ブロックを貼りつないだ構造だけでは、部分的に沈んでヒビ割れるもとです。鉄筋を入れればさらに強いコンクリートになります。コンクリートは引っぱりの力に弱く、鉄筋はそれを補う役目です。大きいものも作れますが、型枠の下にいくほど側圧が加わるので、高さのあるものほど厳重な造りの型枠になります。

　身近なのはやはりブロック塀です。図はフーチングを前提とした型枠の構成です。理想的なのは型枠を2段にして、2回流し込む方法。ここでは現実的な方法として、捨てコンクリートを打った上に型枠で基礎を作ります。これは高さを変更すれば、物置や小屋の基礎にも応用できます。

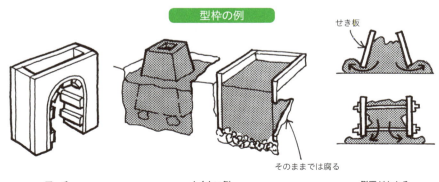

型枠の例

アーチ　　よくない例　　側圧がかかる／せき板／そのままでは腐る

第 3 章 型枠工事

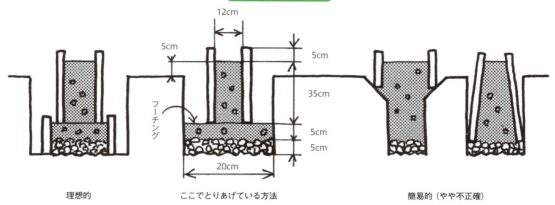

型枠の構成

理想的　　ここでとりあげている方法　　簡易的（やや不正確）

○ 基礎作り

【捨てコンクリート】

　まずフーチングと同じ幅で、地面に穴を掘ります。砕石を敷いて突き固めたら、やや固めのコンクリートを作って流します（右図）。一箇所から押し流すのではなく、一定間隔に山を作って崩せば土の混入が防げます。表面は板でよく突いて、平らにならします。高さは水糸から測って、一定の深さ寸法に収めます。幅方向は水平器で確認。水平面ができたら、1日放置します。

捨てコンクリートを打つ

【型枠作り】

　型枠はコンパネで作ります。基礎の側面部の高さよりも5cmほど高い「せき板」です。下端と端末やカドには角材を打って補強。そしてセパレーター用の穴をあけておきます。セパレーターは手軽に強度アップできるのでお勧めです。これを硬化した「捨てコン」の上で組み付けます。次に水糸で位置を出し、要所ごとに「控え桟」で外部の杭に固定。もし地上部が高い基礎であれば、せき板の鉛直も正確に

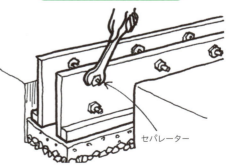

型枠の組み立て

出します。そして捨てコンとせき板のすき間を点検。2mm以上のすき間には、やや固め（パサトロ）の急結モルタルで目止めします。目止め後は4時間ほど放置。鉄筋を入れる場合はこの時点ですが、詳細はすぐ後の項で説明します。

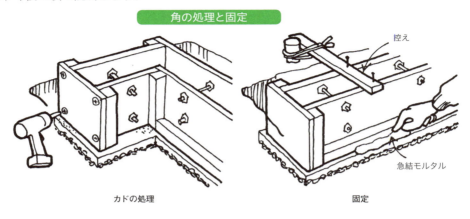

角の処理と固定

カドの処理　　　固定

【流し込み】
　コンクリートを作って少しずつ型枠に流します。一箇所に集中させると、重みでせき板が狂います。約5cmの層を次々に重ねる要領です。型枠にすき間が多ければ、1層目は流動性の低い固めのコンクリートです。層ごとに細棒でせき板付近を突き、密着を促します。予定の高さになったら、表面を端材で水平面に整えます。ここはブロックとの接着面。滑らかにする必要はなく、基準としての水平面だけが大切です。硬化が始まったら、シートをかけて養生します。

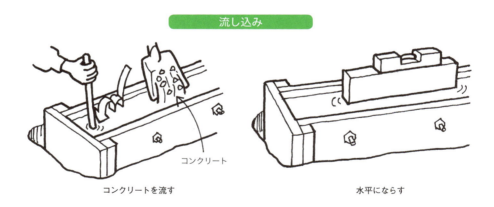

流し込み

コンクリートを流す　　　水平にならす

【型枠の解体】
　2日後（真冬は5日後）。手でクギを押し込んでも刺さらない硬さになったら、型枠の解体です。まずセパレーターの板ナットを外します。せき板はバールで無理にこじらないこと。軽くたたいて板全体を緩めてからフタを開ける要領です。あとにはセパレーターの棒が残るので、カナヅチでたたいて折ります。こうすれば奥にあるネジ部の境目で切れ、埋まった板ナットも同時にはがせます。逆に他の部分では折れないので、壁厚に合うセパレーターを使うことが大切です。そのためサイズ表示は

全長ではなく壁厚です。六角形の凹みはモルタルで埋めて補修。最後に掘り上げた土を埋め戻し、突き固めてできあがりです。

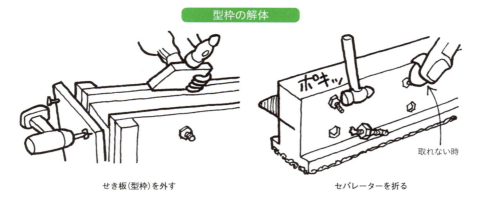

せき板(型枠)を外す　　セパレーターを折る

○ アンカー・鉄筋の埋め込み

　このようなコンクリートの布基礎は、不同沈下に対抗するものなので、折り曲げの力を受けます。そこで鉄筋を入れて内側から縛る構造、つまり鉄筋コンクリートにします。効果を高めるために先端を曲げてカギ形。それを型枠の中に仕込みます。この場合はセパレーターに針金止めします。表面から5cmのかぶり厚を見込むなど、配置は次ページの「ブロック塀のルール」を参照ください。コンクリートの流し込みで移動しないように確実に止めましょう。

　埋め込みアンカーは、基礎に土台や柱を連結する金具。ブロック塀には不要ですが、デッキなどでは、流し込みの前に取り付けます。他に、型枠の時に加工したいのが排水口。塩ビ管を通しておけば、後でハツリ穴の手間が要りません。

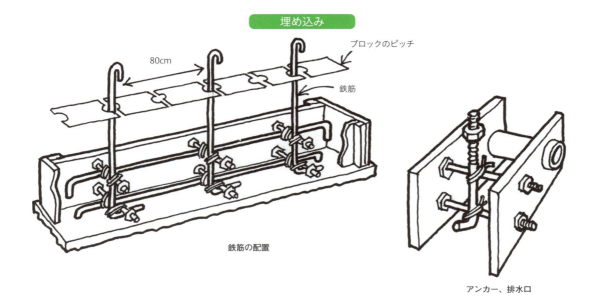

鉄筋の配置

アンカー、排水口

第3章 セメントを使う

基本作業 5

ブロック積み

ひとつずつ積んでいけばできるブロック塀。鉄筋コンクリート風の塀も、中身はブロックで作ります。これなら大きさの割に簡単。でも丈夫でなければ、地震の時に倒れて危険です。ここでは確実な構造と作業を見ていきましょう。

用意する道具
- ブロックコテ
- 目地コテ
- 中塗りコテ
- 水糸
- 水平器
- 下げ振り

○ ブロック塀のルール

　まず素人がブロック塀を作ることに対しては何の規制もありません。そして建築の確認申請も不要です。ただ構造については建築基準法や自治体の条例で定めるルールがあります。安全に関わることなので守りましょう。この内容は最寄りの市・区役所建築課で調べることができます。またまれな例ですが、接する道路が狭い場合に、塀を建てないことを条件に家屋が建っている場合があります。塀の建て替えでなく、新しく建てる場合は同課に相談すれば確実です。

　図はこのルールを示したものです。まず塀の高さは2.2m以下にすること。塀の厚さ、つまりブロックの厚さは10cm以上。高さ2mを超えるものは15cm以上です。そして高さ1.2m以上の塀には、3.4m毎に控え壁を設けること。また必ず鉄筋を配した基礎を設け、地下部は深さ30cm以上必要です。ブ

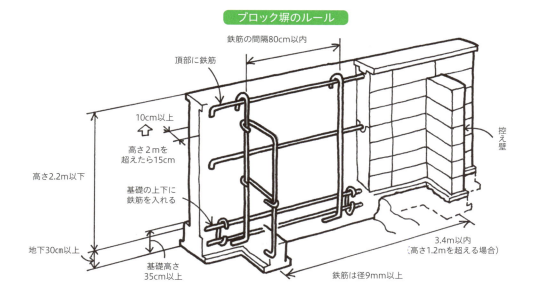

ブロック塀のルール
- 鉄筋の間隔80cm以内
- 頂部に鉄筋
- 10cm以上
- 高さ2mを超えたら15cm
- 高さ2.2m以下
- 基礎の上下に鉄筋を入れる
- 地下30cm以上
- 基礎高さ35cm以上
- 鉄筋は径9mm以上
- 控え壁
- 3.4m以内（高さ1.2mを超える場合）

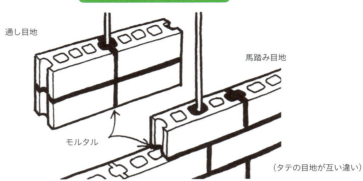

ロックの中にはタテヨコとも、80cm以下の間隔で鉄筋を通すこと。鉄筋の径は9mm以上で先端はカギ形に。モルタルはブロック継ぎ目と、鉄筋が通る穴に充てんする、といった内容です。

　ブロック塀は積むだけでなく、鉄筋や控え壁を盛り込んで計画するのがポイントです。図のついでに、目地の構成にも注目。通し目地と馬踏み（＝破れ）目地では、詰めるモルタルの量が違ってくるのがわかります。また馬踏み目地の場合は、ブロックをはるばる鉄筋の頂上から通す作業になります。ブロック積みに、馬踏み目地が少ないのはこの理由からです。

○ ブロックの種類

　「基本ブロック」は図のサイズ。寸法のバラツキは少なく正確です。奥行には種類があります。10cmが普通ですが、花壇などの土圧がかかる場合は、低い塀でも15cmを選びます。同じ形状とサイズで、「軽量ブロック」と「重量ブロック」があります。重量ブロックは、低発泡で密度を高めたもの。塀の1段目は倒壊の際の折れ目になりやすく、そうした応力が高い部分に使います。形の種類として大切なのが「横筋ブロック」。鉄筋を入れる窪みがあり、モルタルを受けるために穴はふさがれています。「隅形」は塀のL形部分や端部用です。

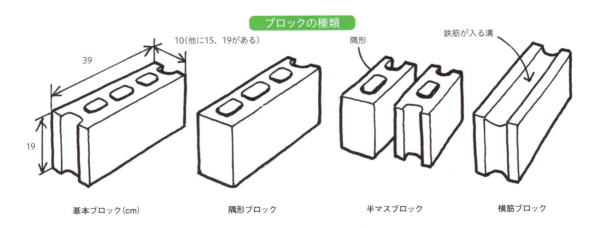

◯ ブロック塀作り

　基礎の作り方はすでに「型枠工事」のところで見てきました。ブロック塀では、タテの鉄筋を正確に80cmおきに設定します。つまりブロックの長さ2個分です。このピッチで、ブロックの継ぎ目に配置しておきます。そうでないと、通し目地であっても、ブロックを鉄筋の頂上まで持ち上げる作業になってしまいます。また歪んだ鉄筋はもう一度、鉛直の直線に整えます。頂上部はカギ形に曲げておきますが、安全のため空き缶をかぶせておきましょう。

【1段目の積み方】

　まず、基礎は水湿しを兼ねて、ワイヤデッキブラシで表面のアクを洗い流します。この粉状のレイタンスはモルタルの接着を阻害するからです。そして水糸は基礎から目地1cm＋ブロック19cmの高さで、ブロックの稜線位置に張ります。作業中にブロックが触れて困る時は1mm上へ逃がします。

　最初は平らに「置きモルタル」。固めのモルタルが適当です。道具は木コテまたは中塗りコテ。基礎と同じ幅で平らに塗ってから、ブロック幅で両端を切り落とす要領です。ここに「重量ブロック」を置いていきます。ブロックは前もって水で湿らしておきましょう。ブロックの穴はテーパー状なので、肉厚のある側を下に向けたほうが強度面で有利ですが、そこまで神経質になることはないでしょう。ブロックを水糸の高さまで沈めます。コテの柄でコンコンとたたいて微調整。体重で押しては加減で

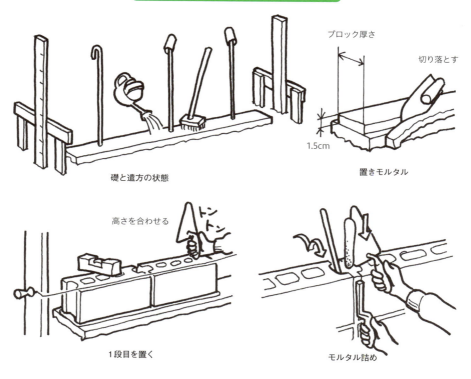

ブロック塀の制作（1段目まで）

礎と遣方の状態

ブロック厚さ
切り落とす
1.5cm
置きモルタル

高さを合わせる
トントン
1段目を置く

モルタル詰め

きません。奥行方向の水平は水平器で確認します。

　1列並んだら9mmの目地コテで目地を整えます。すき間のモルタルを軽く押してから数回こする要領。表面より2mmほど奥まった、平らな沈み目地が標準的です。ブロックの継ぎ目穴や鉄筋部分の穴にもモルタルを詰めます。棒でよく突いて隅々に行き渡らせてから、その目地を目地コテで整えます。

【2段目以降の積み方】
　水糸は2段目の位置に移動。1段目のブロックの上にモルタルを盛ります。線状に2本置き、台形の断面に整えます。この場合、付け足しながら量を調節するのではなく、ブロックコテでいつも定量のモルタルを載せることが大切です。コテ板のモルタルは、一定の厚さで広げておき、毎回同じ幅で切り分けます。このコテの長さはブロックのちょうど半分。ポンポンと2回盛って決めます。

　2段目なので、載せるのは「軽量ブロック」。新しいブロックの小端にモルタルを盛ります。当然ながら、このモルタルは塀の端に置くブロックには不要です。モルタルが落ちないようにして、このブロックを先ほど盛った2本モルタルの上に載せます。そして水糸の高さまで、たたいて調節します。目地がタテにも真っすぐ通っているか確認。押し付けてから引き戻したら、モルタルは効きません。あちこちに動かさず、1方向に追い込んで位置決めしましょう。

　次は穴詰めと目地押しですが、これはさっきと同じ要領です。こうして一気に積めるのは3段くらい。あまり何段も積むと自重で沈み、歪んでしまいます。作業の続きは夏場で半日後、冬では翌日に回します。また、つい塀の片側だけで作業しがちです。気が付くと、道路ないし隣家側はモルタル目地のはみ出し放題ということもあります。1段ずつ裏側に回って点検しましょう。

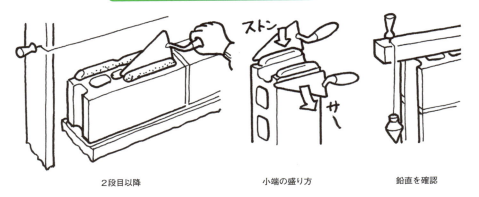

ブロック塀の制作（2段目以降）

2段目以降　　　小端の盛り方　　　鉛直を確認

【横筋の入れ方】
　鉄筋をヨコに入れる場所には「横筋ブロック」を積みます。その窪みに鉄筋を置き、塀の長さいっぱいに通します。端は直角に曲げ、ブロックの端の窪みや継ぎ目穴に入れます。長さを足す時は25cmほど重ねて針金で固定。鉄筋がやや暴れるので、タテの鉄筋に針金止めすれば作業がラクです。

　控え壁との接合部分は、ブロックを欠いて鉄筋を通します。そして要所ごとにカギ形やL形に曲げ

て、塀と控え壁の鉄筋を結合させます。この作業があるために、控え壁は塀と同じ段を積んでいく必要があります。鉄筋が収まったら、モルタルで窪みを平らにふさぎます。理想としては鉄筋がモルタルの中心を通る状態です。鉄筋のつなぎ目やからみ部分を厚く盛れば、密着性が高まります。この後は、線状にモルタルを置く普通の作業です。

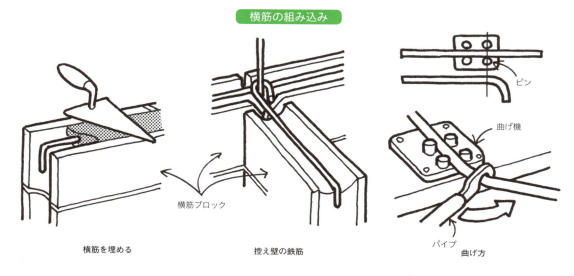

横筋の組み込み

横筋を埋める　　控え壁の鉄筋　　曲げ方

【鉄筋の曲げ方】

　鉄筋を曲げる場面が多くなったので、曲げ方の説明です。カナヅチでたたいて曲げるのは、鉄筋がはね返るので危険。道具としては上図のような「曲げ機」を使います。木ネジで作業台に据えて使うタイプです。割合安価なのでお勧め。使える径は決まっていて、径9mm用と12mm用は別の製品になります。径9mmの場合、最小加工アールは半径18mmで、U形に曲げた鉄筋の外形幅は46mm。横筋ブロックの窪みに入る寸法です。台がないと作業中の塀のそばで使えませんが、あらかじめ寸法を割り出しておけば、まとめて加工できます。

　アールに曲げるものなので「直線の終わり位置」をピンに固定するのがコツ。「折り曲げのカド（頂点）」を固定するなどと考えてしまうと、曲げ位置がずれます。一般的な径9mmの鉄筋なら、はめるパイプは長さ40cmほどで充分。手だけでなく腰を使ってゆっくり曲げます。なお鉄筋の切断には、ディスクグラインダに切断砥石を装着して使います。

【仕上げ】

　塀の天端は横筋を入れて、笠木を載せるのが標準的な構造です。タテの鉄筋が横筋をとらえて、塀を押さえ付けてくれます。また笠木は塀の外観を引き締めるアクセント。そして帽子の役目です。雨の滴が塀の表面を伝って流れるのを防ぎます。これで塀が雨アカで黒ずむことがなくなります。

　この笠木をモルタル接着するにも、横筋ブロックは好都合です。ただ笠木はあまり出回っていません。簡易的にはブロックの穴をふさいで仕上げとしています。例えば新聞紙を丸めて穴に詰め、上からモルタルを塗る方法です。その場合でも横筋ブロックのほうが塗りやすいでしょう。

塀のヨコの端面は窪みだけを埋めればOK。しかしモルタルとブロックとでは質感が違うので、この面は小端の上も5mmかぶせて塗り込んだほうがきれいな仕上がりです。

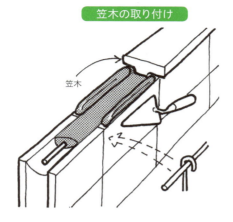
笠木の取り付け

【控え壁の処理方法】
　実際問題として、控え壁の出っぱりは目障りなものです。特に角張った上部が気になります。控え壁専用に、三角形でしかも鉄筋を通せるブロックが欲しいところですが、それは見かけません。代わりに鉄のアングル材を斜めに固定している例をたまに見かけます。しかし塀付近の歩きにくさは依然として残ります。
　解決方法のひとつとしては、高さを1.2m以下にして、控え壁を要らなくすることです。遮蔽するものが必要であれば、その上にフェンスを設けます。この方法は後で応用例の「アルミフェンス」で見ましょう。また高いブロック塀であっても、長さを3.4m以内にしてL形につなげば控え壁は省けます。門柱をL形の構成にして、控え壁の役目を持たせることもできます。と言いながらも、高い塀はあまりお勧めできません。本当に長い塀で、どうしても途中に控え壁が付く場合は仕方ありません。それを植栽で抱くように組み合わせるのがよいでしょう。

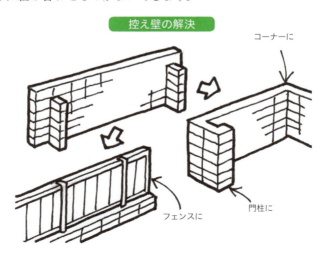
控え壁の解決

基本作業 6 ハツリ

用意する道具
- コンクリートタガネ
- カナヅチ
- ディスクグラインダ
- ワイヤデッキブラシ
- 防じんメガネ

固まったコンクリートはもう石と同じ。形は変えられません。あとは気長に削るだけ。それがハツリ作業です。しかし手際よくできれば、修理も改造も思いのまま。ハツリはコンクリートを使うための必修の科目です。

◯ ハツリが必要な場面

「ハツリ」とはコンクリートをタガネでたたいて形状を削ること。似たことばには「ケレン」もあります。こちらは付着したモルタルやクズをはがすこと。塗りの下地作りです。こうした作業が必要になるのは、コンクリートの欠陥を直すため。さらに継ぎ足したり、モルタル接着をして形を改造するためです。

モルタルないしコンクリートを接着するには、その前に表面を洗い落とすことが必要です。接着を阻害する要因としては土、カビ、コケ、油分など。さらに接着部分には充てんできるだけの空間が必要です。モルタル分が奥まで行き渡り、また詰めたモルタルが割れないだけの厚さ、そして周りに水分を吸われてもなお、凝結できる水分量を確保したいからです。また滑らかな表面ではモルタルが付きにくいので、軽いハツリをします。

ハツリとケレン

◯ コンクリートの欠陥

コンクリートに起きる欠陥のうち、ジャンカは表面に砂利が現れること。流し込んだコンクリートが型枠によく行き渡らなかった跡です。外観が見苦しいので、モルタルで埋める必要があります。そ

してレイタンスはセメント成分の一部がにじみ出て粉になったもの。接着面にこれがあるとよく付きません。またバリやカドのとがりはケガのもとなので面取りします。いちばん困るのはヒビ。しだいに広がる心配があり、深部の様子は削ってみないと分かりません。

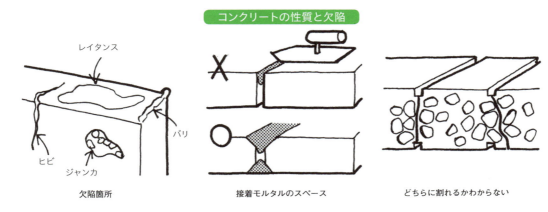

コンクリートの性質と欠陥

欠陥箇所　　接着モルタルのスペース　　どちらに割れるかわからない

◯ 作業の方法

　小さい範囲のハツリはコンクリートタガネを使います。しかしコンクリートにタガネを垂直に立てるのは禁物。どちらの向きに割れ進むか予測できません。必ず斜めに当てます。割るための溝を付ける場合は、タガネの頭を進行方向へ倒して、打っては後ずさりさせる要領です。途中で石に当たったら、直撃して割るよりも、周りのモルタル成分を打ってえぐるほうが無難です。

　ディスクグラインダで削れば手早くてラク。装着するダイヤモンドホイールは切断と研削に使える「波型刃」が便利です。右回転なので、切り粉は機体の右へ飛びます。これを自分に向けないよう、図のように当てる角度を工夫します。打撃ではないので、コンクリートを割る心配もなく自由に削れる道具です。軽く当ててゆっくり進めましょう。粉じんが多量に出るので、防じんマスクと防じんメガネは必需品です。切断の際は、コンクリートの両面から刻みを入れます。そしてウェスをふわふわに敷いた上で、当て木の上からカナヅチで打ちます。

作業の例

タガネの向き　　グラインダーの当て方　　切断

基本作業 7 レンガ積み

欧風のイメージで落ち着きのあるレンガ。レンガの魅力は積み木感覚で作っても、結構でき映えがすることです。多少の狂いは愛嬌。とは言え、正確さを追求するのもまた楽しみ。どちらも選べるのがレンガ積みの作業です。

用意する道具：レンガコテ／トロ舟／コテ板／水糸／カルコ／水平器

◯ レンガの表現

　下の図は目地パターンの例。最初からこんな凝った積み方が出てくるなんて。そう言わず、パターンの多様さを見てください。この整ったリズムと重厚感がレンガの魅力です。表面に長手と小口面を出して組み合わせています。厚さは「ダブル」幅、つまりレンガ小口の倍です。建築用の本格的な積み方であって、ぜいたくでもあります。実際に庭で使う工作物はシングルで積むことが大半です。パターンの多くは馬踏み目地。さすがに単調な通し目地にはしません。しかしシングルでも半マスを使えば、見た目はダブルと同じ表現ができます。目地に凝るのは、こうしたダブルで積んだようなぜいたくさを見せたいからです。

　ブロックと違って穴がなく、鉄筋は入りません。入れる場合は右図のような積み方になります。これはトリプル。やろうと思えばレンガ塀もできます。逆に、こうして鉄筋を入れなければ、高い工作物を建てるのは危険です。また使うレンガの量が多いと、費用もかかります。大物の場合はブロックで骨組みを作ってから、表面にレンガを積む、ないし貼るのが実際的でしょう。

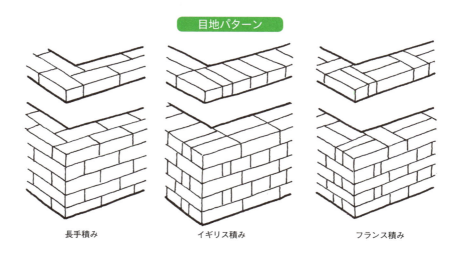

目地パターン：長手積み／イギリス積み／フランス積み

目地幅はタテヨコとも同じでは、見た目に落ち着かず重厚感が出ません。これは垂直面の積みレンガについてであって、通路の敷きレンガは別です。レンガ積みではヨコ目地を太くし、水平の方向性を出します。タテ目地が 8mm ならヨコ 10mm という具合。一方、目地の直線度については、カドの垂直線や外形が真っすぐなら、途中は多少曲がっていても気になりません。さらに言えば、どの直線も遠目に真っすぐであればよく、細かい凹凸は構いません。要は大きくうねったり、反り返った線を出さないことです。

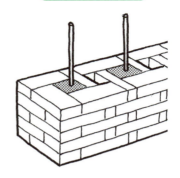

鉄筋で補強

○ レンガ積みの方法

庭で作るレンガ積み作品としては、塀などの広い平面はまれで、どちらかと言えば花壇の土留め縁石やバーベキュー台など箱状のものが多いでしょう。それらを想定して角筒の形に積むことにします。工作物の幅は、レンガの長手寸法を単位に、5個とか10.5個のように設定すれば、材料の半端が出ません。もちろんこの中には目地幅1cmを見込んでおきます。

レンガ積みの土台となる「基礎」は、砕石敷きの上に捨てコンクリートを打った水平面です。遣方は正方形の2辺に水糸を張る方式で、タテ遣方を設置します。ここに馬踏みパターンでレンガを積みましょう。

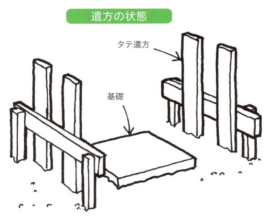

遣方の状態

タテ遣方

基礎

【1段目の積み方】

できた基礎の上に大矩（おおがね）で正方形の墨出しをします。これが出発点なので正確に。それでもレンガの寸法にはバラツキがあるので、墨出し線の上に並べてみれば確実です。次にモルタルを基礎に置きます。レンガコテでモルタルをすくい、おおよその正方形に塗りならします。厚さは12〜14mmほどで、固さはパサトロ。これが軟らかいと、積み上げるごとに自重で歪みます。

カドのレンガを置きます。レンガは前もって水に浸しておいたもの。パサトロとの組み合わせなの

で、接着力を高めるために充分に水を含ませることが大切です。レンガを押し付けてモルタルをつぶし、ほぼ目地厚さに合わせます。高さは水糸とにらみ合わせて微調整。コテの柄で軽くたたいて合わせます。さらにレンガに水平器を載せて、水平も確認しましょう。

その隣に置くレンガは、小口にモルタルを付けてから載せます。順に載せていき、カドまできたら、基礎の墨出し線にしっかり合わせます。半端サイズが入る場合は、カドのひとつ手前の位置に置きます。

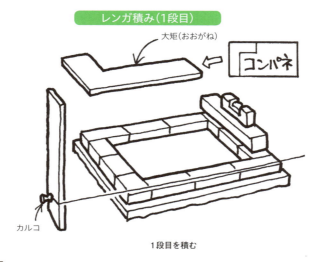

1段目を積む

【2段目以降の積み方】

2段目も基本的な要領は同じ。馬踏み目地のため、位置が半コマ分の移動になるだけです。気を付けたいのは最後のカドがタテに真っすぐ揃うこと。カドの位置は、水糸に目立つ色のビニールテープを止めて表示します。またカルコを刺す位置は図のように工夫すれば、1段ずつ移動してもテープは定位置に来ます。何段か進んだら、下げ振りで確かめるとよいでしょう。

1回に積める高さは4段くらい。モルタルの固さにもよりますが、あまりいっぺんに高く積むと自重で歪んでしまいます。目地からはみ出したモルタルはコテでそぎ落としておきます。またレンガ表面に付着したモルタルは、早めにタオルで水拭きしておきます

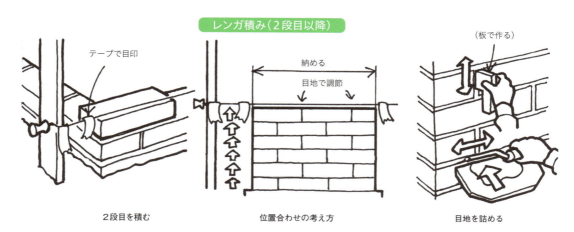

2段目を積む　　位置合わせの考え方　　目地を詰める

【コテの操作】

　ここでちょっとレンガコテの使い方を見ます。レンガを片手に持ってモルタルを受ける都合から、コテ板を持つよりも小型のトロ舟を置くほうが便利です。トロ舟の中でモルタルを端に寄せ、厚さを整えてからすくい取ります。これで切り出す量が安定します。これを振り落として、レンガの小口で受けます。そして毎回一定の1cm厚くらいにならします。小口面全体に塗り広げる必要はありません。ポイントは、いつもコテに一定量のモルタルが載るよう、同一の動作を維持して、リズミカルにくり返すことです。

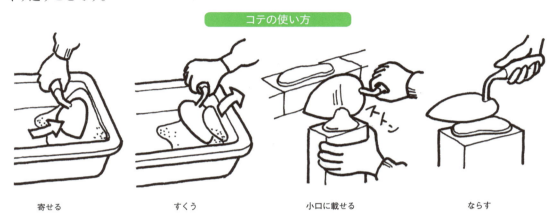

コテの使い方

寄せる　　　すくう　　　小口に載せる　　　ならす

【目地詰め】

　積み終わったら、モルタルで目地を詰めます。標準的なのは「沈み目地」。これでヨコ目地から始めます。コテ板は目地のすぐ下に当てます。そして目地コテでコテ板のモルタルを押しやり、そのまま目地にゴシゴシとすり込みます。粗い粒は押し込み、出っぱる粒をはじき出して、平らな表面に整えます。こぼれるモルタルはコテ板で受け止めます。塗り厚が薄い場合は、きめ細かい「目地用セメント」を使うほうがラクです。特に下地が硬化した後の作業に適しています。

　タテ目地は短いので目地コテの先ですり込みます。むしろ目地コテの刃を4cmほどに切るか、板を加工して使ったほうがよいでしょう。目地の面を滑らかにし、交差する場所は段差にせず、同一面に連続させて仕上げます。ここまでは一般的な「沈み目地」ですが、他にも図のような種類があります。

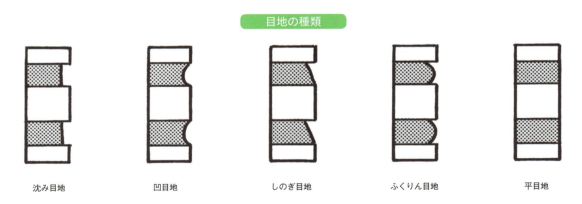

目地の種類

沈み目地　　凹目地　　しのぎ目地　　ふくりん目地　　平目地

丸みの「凹目地」や、「しのぎ目地」は掃除がラクです。また「ふくりん目地」は大正時代に流行したもので、欧風というよりはレトロ調になります。「平目地」は平板に見えがちですが、これには白色セメントを組み合わせる特殊な例もあります。

一方、輸入レンガなど、丸みのあるナチュラルレンガを平目地にすれば、素朴で独特な味わいが出せます。この場合は目地コテではなく、小さなホウキで削り出したり、なで付ける手法をとります。そして目地の線も正確な直線ではなく、意図的に崩す仕上げにします。きちんと正確なブロック積みの他に、こうした温かみを持った積み方を試してみるのもよいでしょう。

ナチュラルレンガの目地

ADVICE 目地詰めの道具を作ろう

目地詰め作業では、コテ板から目地へ運ぶ時にモルタルがこぼれて困ります。地面にはシートを敷いて汚れを防ぎますが回収は困難です。図はムダなくモルタルを運ぶための「目地用コテ板」です。身近な廃品を使って作れます。

ヨコ目地用はモルタルを次々送り出して、しかもすぐ下で受け止めるタイプ。曲面型なのは容量を大きくするためです。タテ目地用は、さらにこぼれにくくしたもの。目地を囲むように密着させて使います。丼めしをかき込んで食べているような連想が、説明の代わりになるかもしれません。こうして作業に不便を感じるたびに、自分で道具を作っていくのも楽しみのうちです。

◯ レンガの種類

いちばんよく出回っていて安価なのが赤レンガ。焼き物なので寸法誤差は認められていますが、結構正確で歪みも少ないレンガです。図にある寸法もおなじみでしょう。これの半分サイズが、半マス、半ペン、ヨウカンです。ただし、これらが正確に真半分の寸法かというと、そうでもないので店頭で確かめましょう。

焼き過ぎレンガは、ムラのある色調が特徴です。そして耐火レンガは文字通り、耐熱性の高いもの。暖炉や焼却炉、バーベキュー台などで、かなり頻繁に火を使う場合はこれを使うのが安心です。その場合は目地も耐火セメントを使うことになりますが、やや特殊なセメントなので、この本では取り上げていません。

輸入レンガにはさまざまな風合いのものがあります。ベルギーレンガなど、国別に呼ぶことが多いものの、やはりそれだけではとらえきれません。手に取ってみるのがいちばんです。またおおざっぱに質感を分類した呼び方もあります。例えばアンティークレンガは風化した味わいのもの。切断して使う場合も、わざわざタガネで直線の切り口を不規則に刻み直すといった使い方をします。ナチュラルレンガはややいびつで、寸法も不揃い。それがかえって積んだ時に温かみが出ます。ソフトレンガは、ツメを立てれば削れるほど。明るい色が豊富です。どれもみな固有のサイズにできているので、混ぜてしまうとかみ合いません。なお高く積みたい時や、敷いた上にクルマが通るなど、強度面が気になる場合は店頭で相談するとよいでしょう。

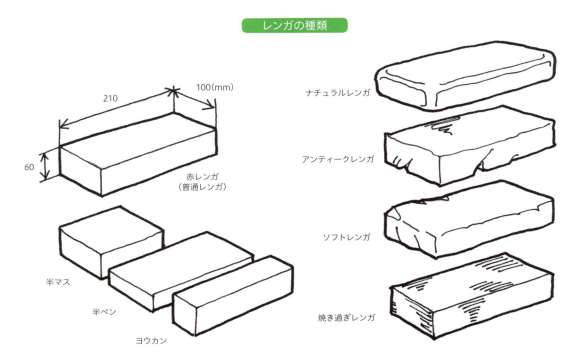

レンガの種類

基本作業 8 タイル貼り

モルタルで貼るタイル。こちらは積むのではなく、平らな下地面があって、そこに貼る材料です。タイルだから明るい色も好きな色も使い放題。ツルツルもザラザラもあります。ここではまず、平らに正確に貼ることから始めましょう。

用意する道具
- レンガコテ
- 水糸
- タイルカッター
- ゴムヘラ
- 中塗りコテ

第3章 セメントを使う

○ タイルの種類と表現

　タイルと言うと、浴室の正方形のものが思い浮かびます。それ以外にも、図のような材質の種類があります。大切なのは含水率です。屋外で使うタイルは雨にあたるので、水が染み込みやすいものは冬季に凍結割れの心配があります。そのため陶器タイルは避けます。店頭にあるタイルの多くは、磁器・せっ器などの表示がないので、見分け方を知っておいたほうがよいでしょう。

　庭でタイルを貼りたい場所は、外流しなどの水回り。ツルツルな磁器タイルなら、汚れも付きにくく掃除しやすくなります。ここはモザイクタイルも映えます。また階段や通路にタイルを貼れば、水での流し洗いができます。ただし雨や雪での転倒が心配。使うなら表面がザラザラなせっ器タイル。凹凸の滑り止め付きもあります。これを玄関や門柱、塀の裾まで連続させてもしゃれています。

タイルの種類

材質	含水率／焼成温度	特徴・見分け方	用途
磁器タイル	1％以下 1250℃以上	ツルツルのガラス質／薄い／ピーン	屋内外の壁や床に。
せっ器タイル	5％以下 1200℃以上	ツヤ消し／分厚い／高い脚／滑り止めがあるもの	屋内の床、屋外では外壁・階段・通路に。
陶器タイル	22％以下 1000℃以上	自由な柄／粗い／いびつ／ボーン	屋内の壁、家具の装飾。
モザイクタイル	規定はないが多くは磁器質	台紙付き	屋内外の床・壁。特に流しや洗い場、オブジェ作りに。

家屋の外壁にも貼れますが、広い壁は大掛かり。下地を正確な平面にし、一定のペースで貼る作業です。始めれば楽しい作業ですが、飽きずに貼れるのは2m角の面積まで。最初は1m角から始めるのがいいでしょう。

○ 割り付け

代表的な目地パターンは「通し目地」と「馬踏み（破れ）目地」。タイルは通し目地でもOKですが、屋外では馬踏み目地がよく似合います。目地のずれが目立たないのも馬踏み目地です。既設の工作物とも相性を見ておきましょう。

目地は水平・鉛直が基準です。その上で工作物の微妙なずれと折り合いをつけます。壁面の下端は水勾配に傾いていることが多く、そこはタイルを斜めに切って当てはめます。また割り付けは壁心などの心割りを基本にし、半端なタイルは左右対称に処理します。これは割り付け定規を作って算出します。特に通し目地で幅1m以内の作品などは、偏ると結構気になります。なるべくカドに目地を設けることは避け、役物で処置します。そのためタイル選びでは形や色よりも、役物と半マスが揃ったものを選ぶことが大切になってきます。

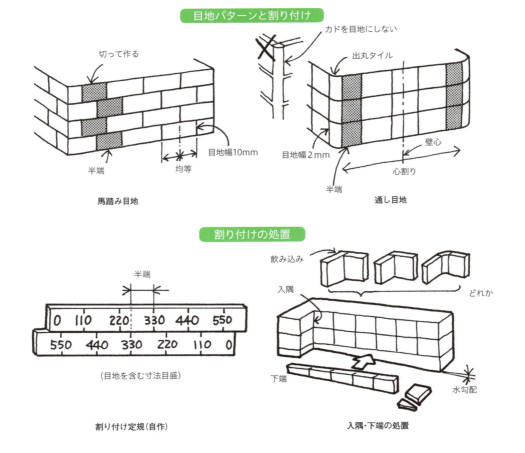

屋外の外装用タイルとして、長方形で分厚いせっ器タイルがよく使われます。この場合はレンガ目地のように、10mm程度の広い目地幅が普通です。また釉薬が塗られた磁器質の正方形タイルは、浴室タイルのように2mm幅です。わずかな寸法調整は下地モルタルの厚さで解決し、例えば「飲み込み」にするのもひとつの手です。このように半端をどこで吸収するかを、まず最初に計画することが割り付けのポイントです。

◯ 積み上げ貼りの作業

【下地作り】

　タイル側にモルタルを付けて貼るのが「積み上げ貼り」です。前もって下地はモルタルで平面に仕上げます。まず壁面を水湿ししてから外周を塗り、塗り厚の目安にします。中塗りコテは進行方向を浮かせ気味に動かします。モルタルの接着力が弱く、すり付けて付かない時は、モルタルの中身を圧し出すように運びます。大まかな平面ができたら、定規板を当てて点検です。ここで1日養生。

【割り付け】

　貼る面全体に水を打ち、内部に吸い込んだら割り付けをします（右図）。これは水糸張りが基本です。墨出し線はモルタルで隠れるから。そしてタイル表面の稜線で位置を合わせたいからです。ただし慣れるまでは、ムダであっても実際に鉛筆で目地を描いたほうが、配置がよく頭に入り、多くの手違いを防げます。

　図のように、鉛筆で水平の墨を引いてから、それを基準に「タイル寸法＋目地幅」を1ピッチとして印をします。そこにコンクリート針を打って水糸を張ります。最初は役物タイルで、狂わせたくない矩端（かなば＝寸法基準となる縁や外周）を貼ります。順としては下から上に。タイルを水糸に合わせやすいからです。そしてヨコ1段の中で、目地が等間隔になるように貼ります。その下の、水勾配で傾斜が付くタイルは後回しです。ここがタイルの床と接しない場所であれば、貼らずにモルタルを見せたほうがきれいに仕上がります。

【貼り付け】

　タイルに盛る「貼り付けモルタル」はミソ程度。貼り厚と圧縮分に見合う量を載せます。そして円盤状に整えます。水糸にタイルの上端を合わせ、押し付け、もみ込みます。表面の高さは、たたき板（自作）で軽く打って揃えます。中のモルタルは押されて広がりますが、行き渡らないすき間にはモルタルを差します。そしてはみ出しをかき取ります。下端の半端は個々に寸法を採り、斜めに切って用意してから貼ります。全部貼れたら、割り箸で目地をきれいに掘ります。

【化粧目地詰め】

　翌日まで待って化粧目地を詰めます。水を打ってから、ゴムヘラで白色モルタルを全面に塗り付け、タテヨコ斜めにすり込む要領です。タイル面が粉っぽくかわいてきたらふき取り。スポンジでふいては水ですすぎ、絞ってふきます。最後に乾いたウェスでふき上げて完了です。

タイル貼り作業（積み上げ貼り）

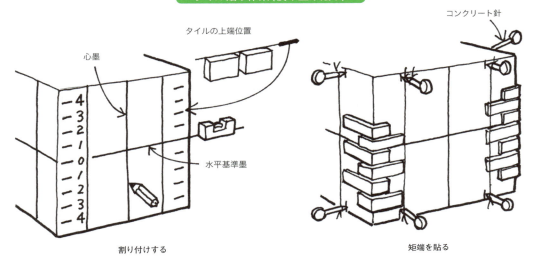

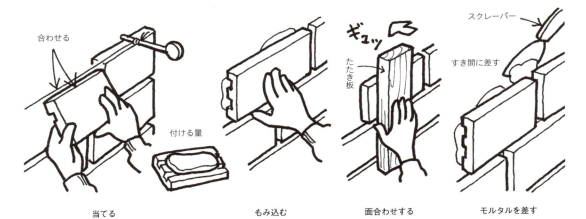

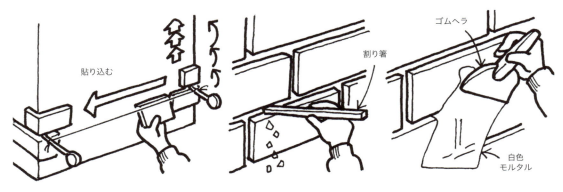

◯ モザイクタイル貼りの作業

　モザイクタイルは台紙付きのシート状なので、壁側にモルタルを塗る「圧着工法」で貼ります。割り付けとして、いったん貼る面に当てがってみましょう。半端は台紙を切って合わせます。継ぎ目位置は壁の隅に印しておきます。後で化粧目地が濁らないように、貼り付けモルタルは白色セメント。中塗りコテで3mmほどに塗ります。広い場合は1回に貼れる6〜10枚分の面積だけにします。

　ここでヨコに水糸を張ります。そして左上から順に右へ貼り進みます。上端を位置決めしてからシート全体を押し付け、たたき板で軽くまんべんなくたたいて、タイルを1mmほど沈めます。タイルのすき間からモルタルが盛り上がるくらい。紙の数箇所に覗き穴をあけておけば様子が見えます。次は右隣です。シート継ぎ目の目地間隔が他と揃うように位置決めします。これも押し付けてたたくのは先ほどと同じ。継ぎ目に段差が出ないように整えます。

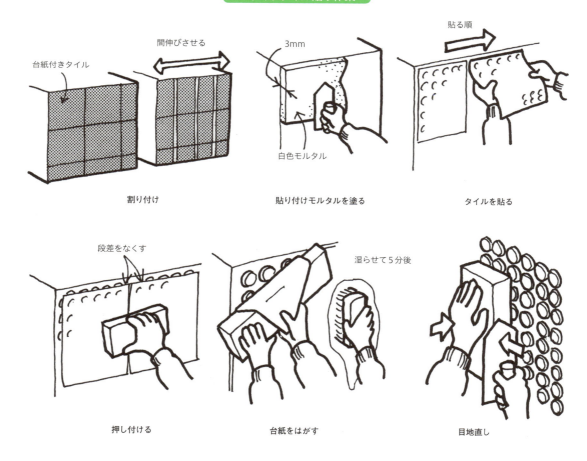

モザイクタイル貼り作業

割り付け　　貼り付けモルタルを塗る　　タイルを貼る

押し付ける　　台紙をはがす　　目地直し

貼り終わったら、ブラシで台紙に水を塗って5分。タイルを押さえて台紙をはがします。目地の通りを点検し、曲がった部分は修正です。ここで隅のタイル1枚に満たない残りは、タイルを切って埋めます。翌日、化粧目地を詰めてふき取ればできあがりです。

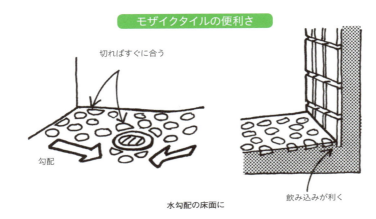

◯ タイルの切り方

　半端寸法のタイルを、切って合わせる場面がいくつも出てきました。切る道具としてはタイルカッターないしタイルタガネ。表の釉薬側に線状の刻みを付けて、裏側をたたきます。しかし厚手のせっ器タイルとなると、これだけでは困難です。代わりにダイヤモンドホィールを装着したディスクグラインダで溝を付けます。この場合は表裏とも付けます。だったら、そのまま切り落としたほうが簡単。荒れた切り口は削って仕上げます。切る・削るの両方に使えるのは波型刃です。手でタイルを押さえていては危険なので、クランプ固定か足で踏み付けて保持します。頻繁であれば図のような保持台を作ってみましょう。

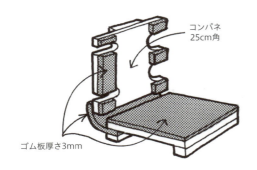
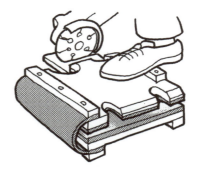

◯ 接着貼りの作業

　接着剤で貼る方法もあります。まず24時間硬化型（作業時間40分間）の「樹脂セメント（接着モルタル）」を使ってみましょう。

　貼る順は左上から。ミソの固さに練った接着モルタルをコテ塗りします。厚さは1cm以内、塗りやすいのは3～6mmです。そして接着モルタルの表面にクシヘラでクシ目を付けます。製品によっては、直接クシヘラで塗り付けるものもあります。クシ目を交差させると接着強度が落ちてしまうので、平行に引きます。この場合硬化が速いので、40分間の作業で1度に貼れる面積だけを塗ります。水糸を張って移動する時間も惜しいので最小限にします。図のように1本の水糸で3段を貼るようにすれば理想的です。タイルは軽くもみ込みながら、設定の位置と厚みに収めます。その上をたたき板で押し、隣のタイルと同一面に揃えます。1日ほど硬化を待って化粧目地を詰めれば完了です。

　接着力を高めるために、タイルを水湿ししたくなります。しかし普通は、磁器やせっ器タイルでは吸水性が低いので行いません。水湿しが必要なのは陶器タイルだけです。もちろん壁側には水を含ませます。表面に水の膜が消えるまで待ってから、貼り付け作業を始めます。

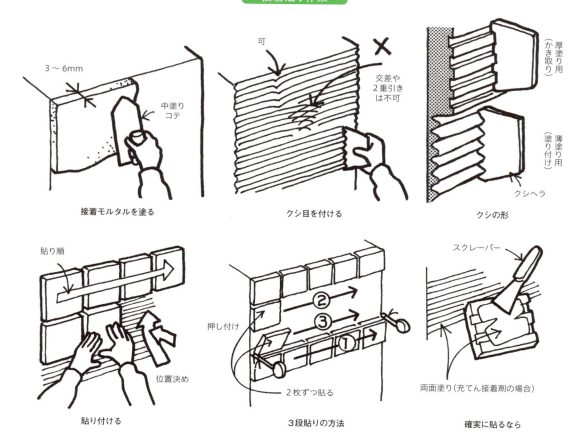

接着貼り作業

他に水溶性の充てん型接着剤や、それの溶剤型などは4時間硬化（作業時間20分間）のものもあります。ただし屋内専用型や専用プライマー（＝下地塗料）の指定があるのでご注意。プライマーは製品の説明書に従うとして、一般的に硬化が速い接着剤は塗り厚2mmまでです。押し付けて沈む量を調節代とせず、下地を正確な平面に仕上げておきます。接着剤は壁側だけでもOKですが、厳重に付けたい場合はタイル側にも薄く塗り、よく押し付けて貼ります。

◯ 補修の場合

1枚ないし数枚が欠けてしまった時。補修するには、まず同一のタイルを用意してから交換作業に入ります。最初は目地切り。狭いすき間なので、金切りノコの替刃や皮スキが便利です。こうすれば傷んだタイルをたたいても、隣のタイルに衝撃は伝わりません。平タガネでタイルを細かく砕いて取り除きます。そして壁側に残ったモルタルも、平らに削り取ります。

ここに新しいタイルを貼ります。恒久的な処置としては、接着モルタルで貼り付けです。雨に当たる場所や、階段の踏み面はこのほうが長持ちします。壁側は水で粉ホコリを洗い流してから。そしてタイルに接着モルタルを盛り付けて、押し付けます。もし手軽に済ますなら溶剤系の接着剤。酢酸ビニル系の充てん接着剤（コンクリメントなど）が適当です。薄い膜でも接着できるので、壁側のモルタルが取れずに出っぱっていてもOKです。壁やタイルの洗浄はシンナーまたはベンジン。そしてタイルの裏には、接着剤を塗り伸ばさず線状に置いて圧着します。この場合は硬化するまで布ガムテープで固定しておきます。

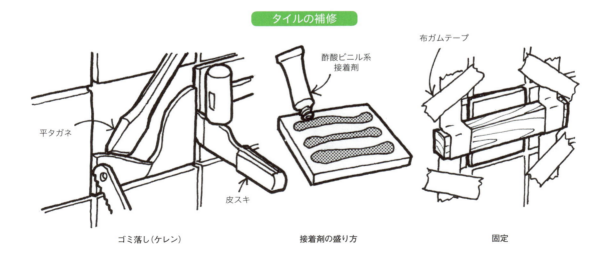

タイルの補修

ゴミ落し（ケレン） ／ 平タガネ ／ 皮スキ
接着剤の盛り方 ／ 酢酸ビニル系接着剤
固定 ／ 布ガムテープ

COLUMN 3　使いたい道具

> この章に登場した道具を詳しく解説します
> ◎……出番が多い基本の道具
> ○……あれば効率的な専用の道具
> △……応用の道具

塗るコテ

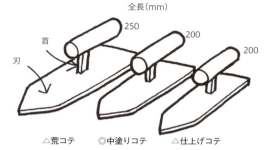
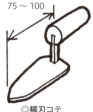
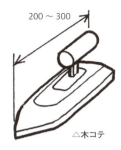

↑モルタルを平らに塗るためのコテ。刃の中ほどに首が付くのが「中首コテ」。刃を押す力加減がつかみやすい。これは構造から見た分類上の名前で、普通は用途としての中塗りコテ、仕上げコテというように呼ぶ。荒コテは塗り始めに使い、大ざっぱな平面を出しやすい大きな刃を持つ。仕上げは隅まで滑らかに塗る、幅の狭いコテ。モルタルなのにツヤが出るほど。これらは本来、仕上げを追求する壁材（壁土）を塗るためのコテ。またそれぞれ刃の材質も違う。1本だけでモルタルの平面を塗るなら中塗りコテがいい。「柳刃コテ」は元首で、細部を塗るための小型のコテ。広い平面は塗りにくい。ちょっと使い用として非常に出番が多い。こうした金コテに対して、「木コテ」の刃はヒノキ材。モルタルを粗塗に塗り上げることができ、後に塗るモルタルの付きを良くする。またコンクリート内部の砂利をこじって押し付ける塗り方に具合がいい。金コテでは滑って、砂利の頭をとらえられないから。買い揃えるなら、普通は「柳刃コテ」「中塗りコテ」「木コテ」といった順になる。

貼るコテ

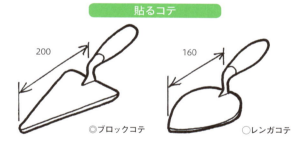

←どちらも、用途がはっきりした専用のコテ。ブロックコテは長い直線の刃が、モルタルを線状に盛るのに適している。刃の長さは、ブロックに2回盛ってちょうどよくできている。レンガコテはレンガとタイル用。丸い刃でモルタルをダンゴ状にすくい取れる。また丸いバケツにもカーブが合う。この2種類のコテはモルタルの量を長さでつかむか、塊で加減するかの違い。どちらも、塗るというよりは盛り付けて貼る用途になる。形もスプーンのように、柄の延長線上に刃の先があり、すくったり盛ったりの動作に無理がない。

塗る・貼るコテ

　モルタルとコンクリートを使いこなすなら、道具もいろいろ揃えたいものです。まず最初に欲しいのがコテ。これは種類とともに価格もいろいろです。鋼を厳選した高級品はやはり高価ですが、普及品は驚くほど安く手に入ります。使う場所によって使い分ければ仕上げもよくなります。まず必要なのは柳刃コテ。そして中塗りコテ。この先は自分の分野がブロック作業かレンガ積みかで決まっていきます。

　日曜左官で使うコテは、数カ月頻繁に使ったかと思えば、次の半年はしまいっぱなしにもなりがち。ステンレス製は高級品ですが、そんな使い方に便利でしょう。ただ同じ予算なら、安物であっても種類を多く持つことをお勧めします。

第3章 使いたい道具

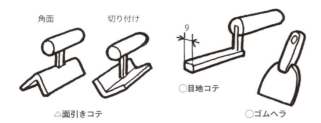

化粧用のコテ

←目地コテは幅9mmが標準。10mmの目地詰めに使う。これはブロックやレンガの場合で、タイル用には細いものもある。ゴムヘラは仕上げの化粧目地用。コテの形をしたゴムコテもあるが、使いやすいのはゴムヘラ。そして面引きコテはモルタルないしコンクリートのカドを仕上げる道具。中塗りコテだけでは、出隅がつまみ上がるし、2面から追い込んだ入隅は1本の線に決まらない。そうしたカドを押さえて整えるコテ。ハケ目など、表面荒らしの仕上げにした門柱に額縁を施すのはこの応用。

練りの道具

↑大量に作るモルタルはトロ舟がいちばん。もっとも小型サイズは40cmからある。プラスチック製なので、それなりにキズは付くが軽いのは魅力。底からの立ち上がり面が丸いものは、ムラなく練るのに都合がよい。練りスコップは角スコップと同じもの。大量のモルタルをまんべんなく練るにはこれに限る。すくう時にもすき間ができず、トロ舟の隅々に届く。特に数人での共同作業に最適。またバケツ1〜3杯程度の1人作業なら、練りクワ。練り終わったあとも、トロ舟に入れておき、片手でモルタルを引き寄せたり、かき回したりといった使い方をする。

↑コテ板はプラスチック製が普通。軟らかいモルタルは流れやすいが、後の水洗いは簡単。左官用ヒシャクは独特な形。水やモルタルペーストを注ぐ時に、量や落とす位置をコントロールしやすい。

化粧用コテと練り

　モルタル塗りの分野では、多くの道具は個人の技術とコツで使いこなすようにできています。塗料の場合の、ハケとローラーバケの違いほど、飛躍的にコツ要らずにはなっていません。道具の使い方は手の感覚で覚えていくものです。数をこなすと言っても限界があるので、これは段取りや工夫でカバーします。こなしにくい道具であれば、自分で治具や補助道具を作ってみましょう。

　モルタル練りの道具は、使うモルタルの量でサイズが決まります。ブロック積みやコンクリートの流し込みなど、共同作業ができるならトロ舟は大きいものを。用意ができていれば、助っ人を呼んで楽しい作業にしましょう。

COLUMN 3

水湿しと清掃

○左官ブラシ　柄なし／柄付き

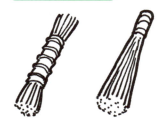
△ホウキ　△ササラ

◎ジョウロ

↑何にでも使えそうなブラシなのに「左官用」とあるのが左官ブラシ。これは意外なほど高価だが、水含みのよい高密度の馬毛は使ってみれば納得できる。塗る前の壁面に水をかけたり、水洗いの時に使う。屋外では柄付きのほうが手早く使え、浴室タイルの作業も兼ねる場合は小回りが利く柄なしを選ぶ。気分のよい作業を求める人にこそお勧め。洗車ブラシでも代用は利く。ホウキ、ササラはブロックやレンガの掃除とともに、モルタル面にホウキ目を付ける道具。全長が短いのは、筆のように手の感覚を大事にするため。そしてジョウロは水湿しとモルタル練りの水加減に使う。

少量の練りに

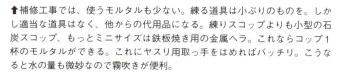
◎霧吹き　○調理用バット　○石炭スコップ　○金属ヘラ（ヤスリ取っ手）

割り付け

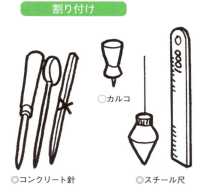
◎コンクリート針　◎カルコ　◎スチール尺

↑補修工事では、使うモルタルも少ない。練る道具は小ぶりのものを。しかし適当な道具はなく、他からの代用品になる。練りスコップよりも小型の石炭スコップ、もっとミニサイズは鉄板焼き用の金属ヘラ。これならコップ1杯のモルタルができる。これにヤスリ用取っ手をはめればバッチリ。こうなると水の量も微妙なので霧吹きが便利。

↑水糸を張るにはカルコが必要。それだけでは板にしか刺せないので、コンクリート針も用意したい。カナヅチで軽く打って刺す。出っぱった先が危ないので、丸くなったものを選ぶ。

少量をこなす道具

　補修作業が多い場合は、道具も手軽なものが欲しくなります。そうでないと思い立った時に気軽に取り掛かれません。こうなるとプロ用ではなく、素人だからこそ必要な道具です。小さな道具が見つからない時は、調理器具売り場も覗いてみましょう。水を加えてこねるのは、調理の場面にもあること。ホットケーキミックスに使う道具であれば、インスタントセメントにも使えそうです。図にあるササラも、もともとは調理用。そう言えば道具をあれこれ汚して、後片付けを増やしたくないのも調理と似ています。またごく少量のモルタルは配合や水加減が微妙になってきます。霧吹きや金属ヘラはそんなきめ細かい調節に重宝します。

第 3 章 使いたい道具

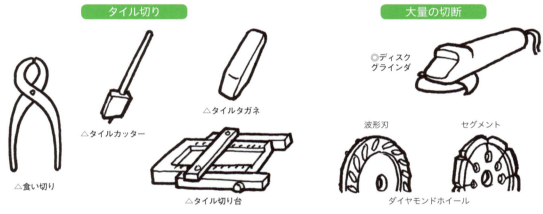

◎平タガネ　◎コンクリートタガネ　△タイルタガネ　【ハツリ】

◎皮スキ　◎スクレーパー　△ケレン棒　【ケレン】

↑コンクリートやレンガをたたいて削るには、丈夫なタガネが必要。コンクリートタガネは打撃力が1点に集中するので強力。平たいレンガタガネは、見た目にはたたくだけでレンガを割れそうだが、それでは砕けてしまう。細かく刻みを付けてから、カナヅチで打って折る。

↑モルタルクズをはがすには皮スキ。金属頭のものはカナヅチで打つこともできる。これはタイル補修の必需品。もっと広範囲のケレンにはケレン棒を使う。柄が長いので、ラクな姿勢で作業を続けられる。汚れ落とし程度であれば、スクレーパーが手軽。

△食い切り　△タイルカッター　△タイルタガネ　△タイル切り台　【タイル切り】

◎ディスクグラインダ　波形刃　セグメント　ダイヤモンドホイール　【大量の切断】

↑釉薬のかかった薄いタイルを切る要領はガラスと同じ。そのため、タイルカッターはガラス切りと似ている。厚手のタイルにはタイルタガネで打って刻みを入れる。つまり折るように割る。モザイクタイルなどは食い切りでかじる方法になる。タイル切り台は、一定の刻み線を入れる治具。水勾配で大量に斜めカットをする時に活躍する。

↑タイルを折ったり割ったりするよりも、ディスクグラインダの回転刃で切断したほうが速くて確実。ダイヤモンドホイールを装着すればタイル、レンガ、ブロックともあっさり切れる。セグメントは切断用、波形刃は、切削もできる。

コツ不要の道具

　タガネでタイルをカチカチと刻んで、手で割るのもいいものです。思い通りの線で割れた時はこのうえない快感を味わえます。しかしやはりコツをつかむまでは練習が必要です。そんなコツは不要とも言えるのがディスクグラインダ。数ある道具の中で、一気に簡単な作業へと変わる道具です。電動工具としては手軽に買える価格でしょう。用途も広いのでお勧めします。

　これらの道具の収納は、トロ舟に入れて引き出しのように使えば便利。しかし全部買い揃えていくと1mのトロ舟でも山盛りになります。自分の作業をもう一度点検してみましょう。

応用例 1 ブロック塀を化粧する

用意する道具
- ブロックコテ
- 中塗りコテ
- コテ板
- ローラーバケ
- カナヅチ
- ディスクグラインダ

ブロック塀そのままでも用は足りますが、機能的でやや素っ気ない感じです。ちょっと手を加えれば、建物に似合う落ち着いた表情を出せます。ここからはモルタルの応用作業。表面に何を塗り、何を貼るかはお好みしだいです。

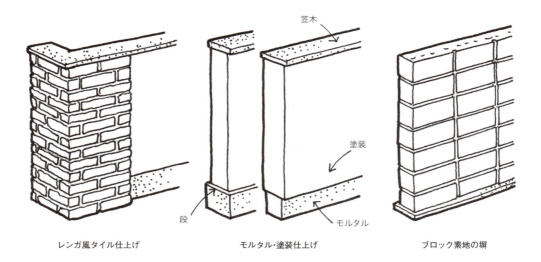

レンガ風タイル仕上げ　　モルタル・塗装仕上げ　　ブロック素地の塀

○ 塀の趣

　ブロック塀のグレーの面に飽きたら、その上に水性塗料を塗るだけでも楽しい表情に生まれ変わります。白やベージュなど明るい色にすれば、新鮮で華やいだ気分。塗る前にモルタルで下地を作ってから塗装したのが、真ん中の塀です。外観は鉄筋コンクリート塀の見映えになります。その隣のレンガ調は、本物のレンガではなく、レンガを模したタイル貼り。レンガ積みとは違って、厚さ1cmほどの軽いプレートを貼っていくだけでできます。全面に貼れば、重量感と落ち着きのあるたたずまい。門扉に近い部分だけに貼って門柱のようにし、さっきのモルタル塗装仕上げと組み合わせるのもしゃれています。

　塀は視線を遮断して、侵入者も防ぐ壁の機能を果たします。しかしブロック塀はその機能を優先していて、通行人の目には素っ気ないものに映ります。またここは来訪者が最初に目にする場所でもあります。この塀を化粧して、温かく迎える雰囲気に仕立ててみましょう。

◯ モルタル・塗装仕上げ

　これは塀をモルタルで包むように壁塗りしてから塗装する方法です。ただ、のっぺらぼうでは困るのでアクセントを付けましょう。裾部分は段を設けてモルタル面を見せます。これで塗装面が雨のはねかかりで汚れるのを防ぎます。段を出して重厚感を出すのも、引っ込めて軽快にするのも自由。一般的には後者のほうが建物に似合うことが多いので、ここでもそうします。

　まずは塀全体に水をかけ、ワイヤデッキブラシでコケや泥を取ります。さらに水湿しをしてから「目地ふさぎ」。中塗りコテでもすり込めますが、目地コテで押し込んだほうがよく付きます。目地はすり切って平らに整えます。これだけでも平らにはなりますが、ブロックとモルタルでは表面の粗さが違っています。このまま塗料を塗ると、やはりムラのもとです。

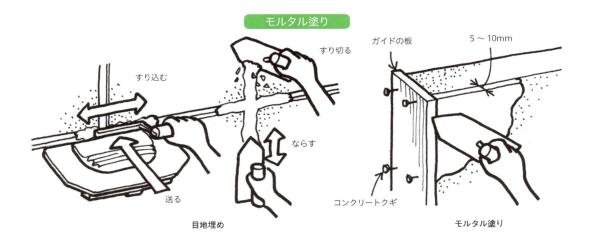

モルタル塗り／目地埋め／モルタル塗り

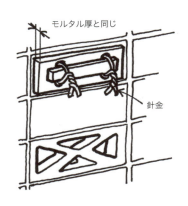

役物の処理／笠木の盛り付け／通気口を残すカバー

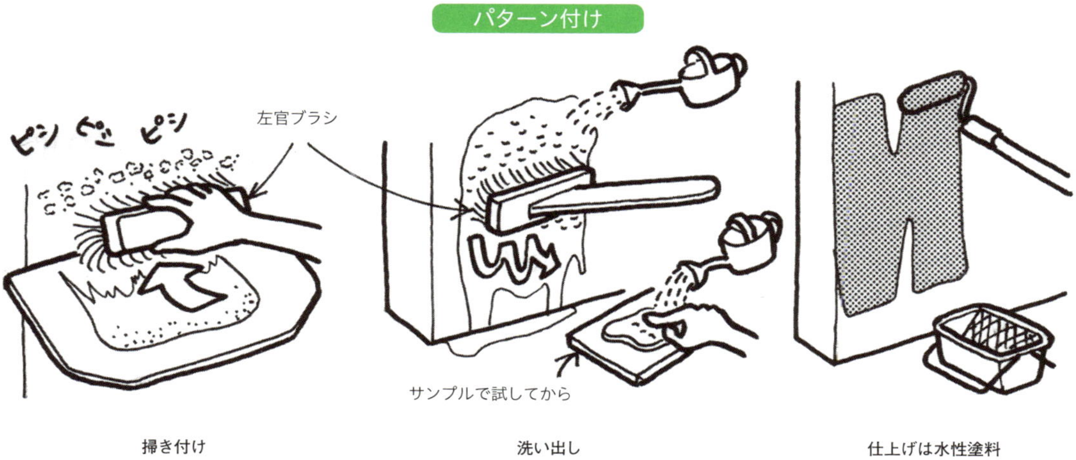

パターン付け

掃き付け　　　サンプルで試してから　洗い出し　　　仕上げは水性塗料

左官ブラシ

　そこで次はモルタルで壁塗り。塗り厚は5〜10mmとし、裾との段差もそのくらいです。あらかじめコンクリートクギで板を打ち付け、塗り厚と同じ高さで塗り面を囲みます。こうしておけば縁が崩れず、また塗り厚のガイドになります。通気口のあるブロックを生かす場合も、同様に板で保護します。また晴天が続いた後など、吸い込みが激しくてモルタルの食い付きが悪い場合は、ノロないしトロ（セメントまたはモルタルペースト）を塗っておきます。使い古しのローラーバケが便利です。こうした処置をした後、中塗りコテで平らに塗ります。

　天端は笠木でアクセント。ここではモルタルで形作ります。そのほうが継ぎ目ができません。まず前ページの図のような、一種の型枠を作ります。作業中に外れないように固定は厳重に。板の上端をガイドにコテで平らに塗り上げます。

　塀の表面はモルタルでパターン付け。塗料だけでは凹凸表現は困難です。一種の味付けですが、コテムラを隠すには効果的です。手法としては「掃き付け」。ブラシのバネを効かせてモルタルを飛ばします。もうひとつは「洗い出し」。塗った3〜4時間後に行いますが、硬化間際のタイミングをつかむためには、同じ時期のモルタルを別の板などに塗っておいて試すほうが確実です。

　ここに塗装できるのは3週間後。このくらい待たないと水性塗料でも、もろくなって長持ちしません。ローラーバケで2回塗りしてできあがりです。

○ レンガ風仕上げ

　ここで使うタイルはゴツゴツと風化したレンガ調。外形も凹凸なので、あまり精度に気を使わず貼れるタイルです。部分貼りで門柱風に仕立ててみましょう。

　まずワイヤデッキブラシで水洗いし、塀の汚れを取ります。そして図のように塀に墨出しとマスキングを兼ねて、布ガムテープを鉛直に貼ります。そこに目地ピッチを印しておきます。壁面に塗る接着（樹脂）モルタルは3mm厚くらい。タイルによって、下塗り剤の指定がある場合は、先に下塗り剤を塗ってからです。そしてキメどころとなる矩端（かなば）を貼ります。タイルにも厚さ3mm程

度の接着モルタルを塗ります。半端になるタイルは石切り刃やディスクグラインダで切断。直線の切り口は不自然なので、カナヅチでギザギザにします。

　その内側のタイルは目見当で貼ります。目地は均等に配り、時々ヨコの長さ方向に見通して揃える程度です。見づらい裾のほうは、板を定規にして当てるとよいでしょう。範囲が広い場合は、テープを60ないし80cmおきにタテに貼っておき、同様に目盛を付けておきます。そこまでタイル貼りができたら、そのたびにテープをはがして次のテープまで進みます。長い距離の場合、少々直線からデコボコとずれても気になりません。むしろそれが味わいになります。ただし全体がたわんだ線になったり傾くのだけは避けます。

　モルタルの硬化を待って、化粧目地を詰めます。たまに目地詰めを省いた「笑い目地」も見かけますが、やはり詰めたほうがきれいで丈夫です。目地はギザギザな形なので、目地コテだけではやっかいです。図のような道具を作るとよいでしょう。アルミ角棒を曲げた道具は筆のように使える目地コテです。それでもタイル表面に付いたモルタルは、早めに洗いながら作業を進めていきます。

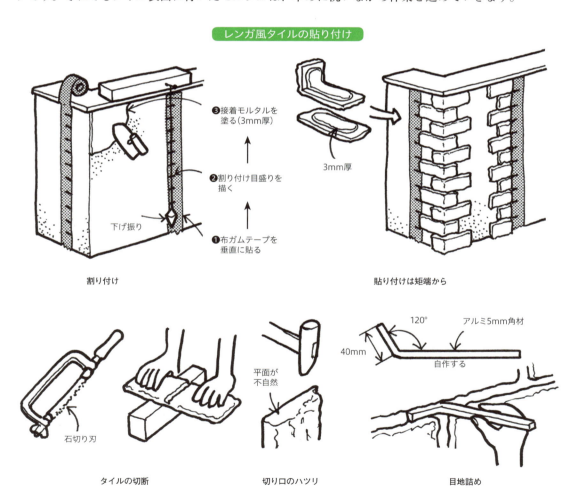

応用例 2 アルミフェンスを建てる

フェンスは塀よりも開放的。ツタやツルバラも似合います。アルミフェンスなら、材料入手も作るのも簡単。そして木製よりも長持ちします。ポイントは水平をきっちり出すことと、モルタルが硬化するまでの固定方法でしょう。

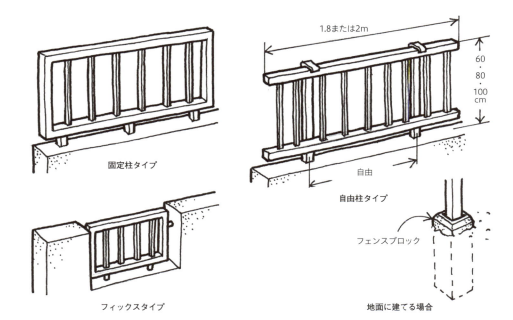

固定柱タイプ

自由柱タイプ

フィックスタイプ

地面に建てる場合

○ アルミフェンスの種類

　アルミフェンスには図のような種類がありますが、どれもブロックの穴に柱を建てて作ります。それぞれの違いは、柱ないし取付部分を注目してください。
　固定柱タイプはフェンスと柱が一体型です。自由柱タイプは柱が別になっていて、どこでもフェンスを保持するので、自由な間隔で建てられます。そのため素人でも施工の失敗が少なく、店頭に置いてあるのもたいがいは後者の形式です。サイズは高さ60、80、100cmの3種類。この場合、柱の埋込部分の長さは含みません。長さは1.8または2mが一般的です。金具で継ぎ足しもでき、アルミ製なので長さの半端は簡単に切って調節できます。

第 3 章 アルミフェンスを建てる

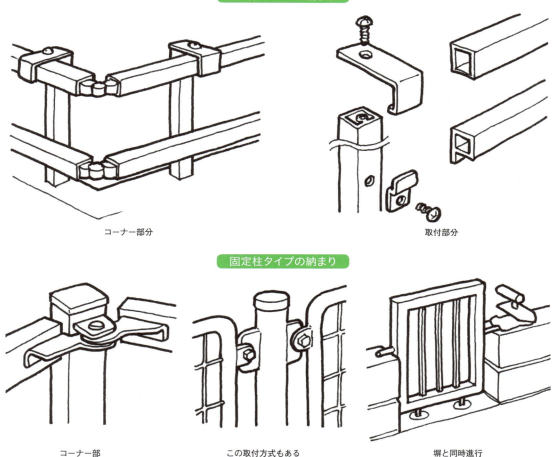

自由柱タイプの納まり

コーナー部分　　　　　　取付部分

固定柱タイプの納まり

コーナー部　　　この取付方式もある　　塀と同時進行

　これらに対して、ブロック塀の凹み部分に組み合わせるのがフィックスタイプ。フェンスというよりも、塀の装飾的な性格が強いようです。施工は塀を建てるのと同時進行で、差込み部をブロックの間に入れて取り付けます。後施工であれば、コンクリート用ドリルで穴をあけて差し込む方法です。サイズはさまざまで、ヨコ長もタテ長もあります。塀とともに計画するので専門家向きです。

　柱の建て方としては、この他に地中に差す方法もあります。筒状のフェンスブロックを地面に埋めて、その穴に差し込みます。固定柱タイプにも便利な方法です。また傾斜地ではパンタグラフ式に形を変えられる、専用のフェンスと組み合わせることもあります。特殊なので、店でカタログをご覧ください。

　それぞれの構造は上図の通りです。取付金具、コーナー接ぎ手、エンドなどの部品があり、ドライバーで組み立てられます。特徴的なのはコーナーの納まりです。固定柱タイプはカドに柱が立つので、位置決めがシビアになります。一方の自由柱タイプはカドを避けて柱を立てるので、どこから組んでも構わない自由さです。また1面を作った後で、必要に応じて次の面を継ぎ足すのも可能です。

まるごとわかる！庭づくりDIYの基本

◯ フェンスの施工

　自由柱タイプでフェンスを作ります。まず決めたいのはフェンスの高さです。人が立った時の胸高がいいか、腰高かは好みによります。基礎となるブロックは地上1〜3段くらい。この分を差し引けば、必要なフェンスの高さです。柱の間隔は約90cmとして部品を買い揃えます。実際の配置は、ブロックのカドや埋まった穴を避けて、なるべく均等に計画します。

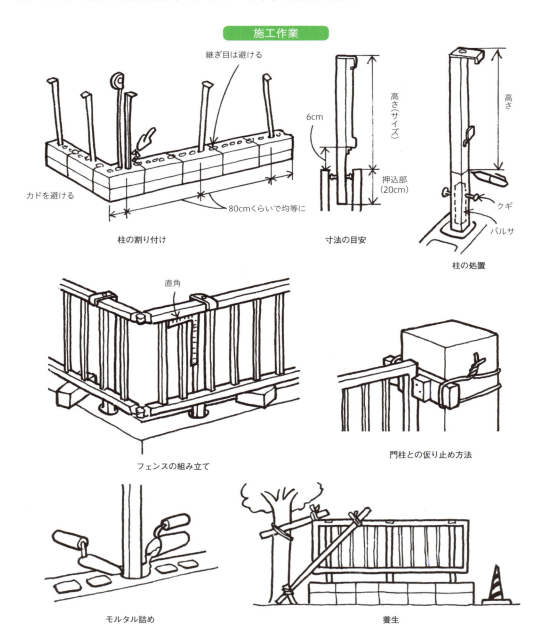

図はブロックが積み終わった状態からの作業です。まず柱根元にはヨコ方向の位置決めとしてクギを刺します。高さ調節はブロックの穴に砂利を詰めて加減し、そのまま仮に穴に差しておきます。方法としては、柱だけを先にモルタルで固めることもできますが、硬化までの固定や精度を出すのが困難です。その結果、モルタルが固まってから、ネジ穴が合わないのは最悪です。ここでは先にフェンスを組み立てます。ブロック上の柱位置を寸法で採り、フェンスに印してから、そこに柱をネジ止めします。コーナーから組めば、フェンスはグラつきながらもだんだん自立してきます。すべての接合部を組み立てたら、柱の平行や直角を確認。柱の高さも、砂利を加減して精度を出します。さらに道路の向こうからも眺めて、全体のバランスを確かめます。フェンスとブロックのすき間は約6cmが標準です。これはバランスだけでなく、後々のメンテナンスのためもあります。

　確認が終わったらフェンスを固定。杭や庭木へ棒を出して縛るなどの処置をします。フェンスのグラつきが止まったら、根元の穴にモルタルを詰めます。細い棒でよく突いてから、柳刃コテで平らにすり切ります。あとは養生中に人がぶつからないように、目立つものを置いて注意書きをしましょう。

● 塀を低くしてフェンス

　図は、今あるブロック塀を低く切って、その上にフェンスを建てようとしています。そんな工事も、ちょっと根気があれば自分でできます。ポイントは鉄筋をていねいに「発掘」することです。標準的な径100mmの波型ダイヤモンドホィールが届くのは深さ25mmまで。それでも目地のモルタル層は切れます。タテヨコに充分な刻みを入れてから、タガネでタテに打って砕きます。

　残るのが鉄筋と、その周りのモルタル。この筒状のモルタルをタガネでタテに砕きます。出てきた鉄筋は切断砥石で切ります。ヨコの鉄筋も同様です。これは解体ではないので、塀を直接カケヤでたたいてはダメ。どこまでヒビが入るか分かりません。後で使えるように壊すというのは、そのくらい慎重な作業です。これでブロック塀には必ず空洞が現れます。その穴に柱を建てれば、フェンスはできます。

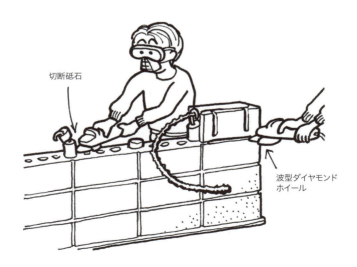

応用例 3 ブロック塀を補修する

ヒビが入ってしまったブロック塀。できれば建て替えせずに直したいところです。見た目だけをきれいにするのではなく、やはり丈夫にしなくては。これまでの作り方を応用して、今度は補修にも挑戦してみましょう。

用意する道具
- ディスクグラインダ
- タガネ
- カナヅチ
- ワイヤブラシ
- 柳刃コテ
- 中塗りコテ

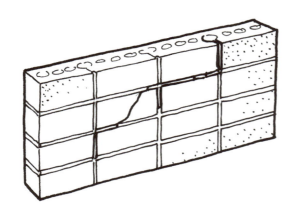

表面のヒビ

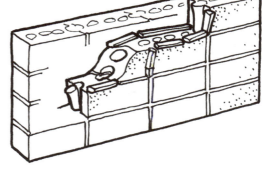

内部のきれつ

○ ヒビ割れを直す

　ブロック塀がヒビ割れしたら、まず補修で済むかどうか点検します。手でフェンスを力いっぱい揺り動かしてみましょう。これで基礎からグラつくようなら、建て替えが必要です。またヒビを境に片側が沈んで傾いている場合は不同沈下なので直せません。これら以外なら補修可能です。

　ブロックをくっつけるには接着剤ではなくモルタル。薄く溶いたノロをすき間に染み込ませても接着力は期待できません。モルタルでの接着は厚い層に塗る、つまり充てんする考え方です。すき間は1cm以上必要です。

　作業としては、最初にディスクグラインダで溝を切ります。刃は波型ダイヤモンドホイール。ヒビが入った目地は、その目地幅いっぱいに削り取ります。2本の平行線を入れて、タガネで突き崩す要領です。ブロック表面のヒビも1cm幅でなぞります。こんな時、丸ノコにダイヤモンドホイールを付けたくなりますが、丸ノコをタテ壁に当てると、ハンドルが持ちにくいので危険です。

第 3 章 ブロック塀を補修する

修理不可能な例

不同沈下　　基礎のグラつき

　裏側もヒビをたどって溝を切ります。粉じんが舞うので、防じんメガネ・マスクは必ず装着してください。ヒビをすべて溝にできたら、ホースの水圧で溝の粉ホコリを洗い流します。ブロックがカタカタ揺れる場合は、溝に小石を打ち込んで押さえます。低い位置を削る作業では、時々揺さぶって警戒しましょう。
　次は溝にモルタルを詰めます。30分型モルタルや接着モルタルが最適です。細い棒で奥まで突き込んでから、表面を目地コテで整えます。目地自体がないほど広範囲に削った場所などは、厚盛りすると流れやすいので、砂利を多めに入れたり、固めに練ったモルタルで形を維持させます。
　ブロックの粗面に対して、補修箇所はテカテカと目立ちます。硬化前にワイヤブラシで軽くたたいてザラザラに仕上げましょう。この上に水性塗料で塗装すれば完璧です。

ヒビの補修

溝切り　　モルタル詰め　　表面荒し

○ フェンス柱付近のヒビ

　鉄のフェンスの場合、頻繁によじ登ったりするとブロックにヒビが入りがちです。アルミフェンスなら柱のほうが曲がる状況でも、鉄柱はブロックをこじってヒビを作ります。たいがい根元を埋めてあったモルタルは無事で、ブロックが割れています。この際はヒビを埋めるだけではなく、強度も高めましょう。

まず柱の根元部分でブロックを切り落とします。グラインダやタガネで刻みを入れて欠き取ります。この場合は小さい範囲で済ませようとしないことです。他にもヒビがあれば、すべてたどって溝を付けたほうが確実。柱に付いたモルタルは、打ち割って取り除きます。ブロックを切り取った部分は、2枚の板ではさんで型枠にします。板の固定は針金を通して締め付けるのが手軽な方法です。

　一方、その下にあるブロックの穴は、砂利が詰まっているものですが、もし基礎に届くまで空洞であれば、新しく砂利を詰めます。柱は元の位置に固定し、型枠には固めのコンクリート（粗骨材入り）を流します。軟らかいと漏れて付近を汚しがちです。細い棒でよく突いて、表面はコテで平らにならします。3〜4日後、板を外してできあがりです。

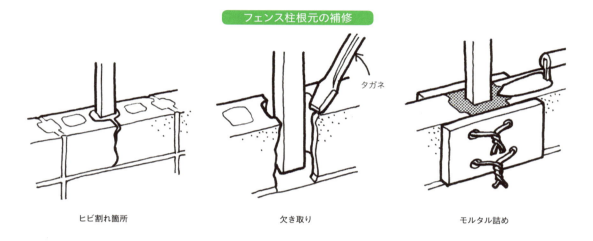

フェンス柱根元の補修

ヒビ割れ箇所　　欠き取り　　モルタル詰め

◯ 欠けを直す

　今度はブロックがきれいにパカッと欠けた時。割れ目を合わせれば、ヒビも目立たない状態です。こうなると接合部を削るのは、見た目を悪くするだけ。この場合は表面から1.5cmほどはそのままにして、その内側を削ります。そこはモルタルを充てんする場所です。波型刃なら自由に削れます。ブロックの空洞穴は新聞紙を固く詰めてから、全体に水湿し。モルタルは、ブロックのかけらと本体の両面に盛ります。この場合のモルタルは、砂の粒子が細かい「接着モルタル」が適当です。強く押し付けて、はみ出したモルタルは早めに水洗いします。かけらが小さい時は、グラインダー操作ができないので、ワイヤブラシで洗ってからモルタル接着します。

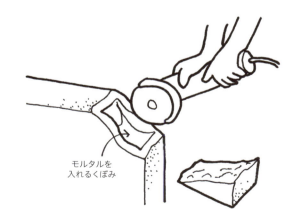

欠け部分の補修

モルタルを入れるくぼみ

◯ 白華現象

ブロック塀の基礎部分に白い粉状の結晶ができることがあります。これが白華です。ワイヤブラシで水洗いしても、なかなか取れません。これはセメント成分の一部が水に溶け出してできたものです。水の配合が多過ぎたコンクリートは、硬化する時に水分が蒸発し、その通り道に穴ができます。その穴を通って、雨水や地下水で溶け出した成分が下りてきます。レンガの表面などではかなり目立ちます。またできた白華はなかなか取れません。削り取っても、半年で同じ状態に戻ります。恒久的には防水処置が必要です。ブロック塀の裏側が花壇の盛り土なら、その接触面に防水塗装を施します。それよりは白華が起きた表面を塗装で隠すほうがラクでしょう。例えばモルタルと同色で塗ります。白華は取りにくいだけに、塗料は塗れます。

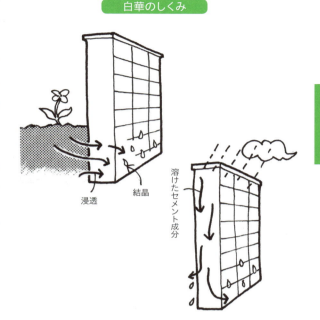

白華のしくみ

浸透　結晶　溶けたセメント成分

◯ ブロックを再生する

一度使ったブロックはモルタルクズが付着しているので、もう一度使おうとすると平らに積めません。たいがいは細かく砕いて通路に撒くか、コンクリートに混ぜてしまいます。しかしちょっと手間をかければ、タガネでもモルタルは取り除けます。そして波型刃を付けたディスクグラインダで削れば、さらに簡単なので再生しましょう。気を付けたいのは、モルタルのほうがブロックよりも硬いこと。力を入れるとすぐにブロックまで削ってしまいます。グラインダは軽く当てて、絶えず移動させるのがコツです。さらに両側に新しいブロックを置けば、削る目安になります。また小口のモルタルはタガネで打って落とします。もし取れなかったり、すでに小口が欠けていたら、半マスのサイズに切っても使えます。これらはレンガにも応用できます。

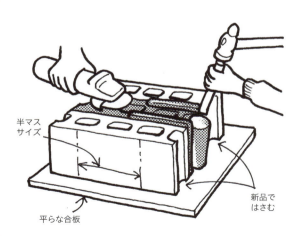

ブロックの再生

半マスサイズ　平らな合板　新品ではさむ

応用例 4 門扉を直す

用意する道具
- モンキーレンチ
- 下げ振り
- 水平器
- タガネ
- カナヅチ

門扉は毎日開けたてするもの。どんなに丈夫な門扉でも、いつかはズレや狂いが出てきます。ここで行う作業は調整だけでなく、門扉を正確に建て直す修理。さらに作業の精度を高めれば、新しい門扉も施工できます。

第3章 セメントを使う

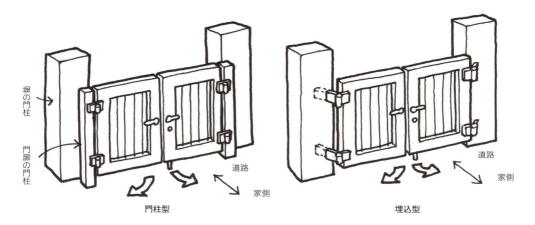

◯ 門扉の形式

多くの門扉は内開き、つまり庭側に開く扉です。ヒンジ（ヒジツボ）の取付方式で大別して「門柱型」と「埋込型」があります。この場合の門柱とは、門扉特有の呼び方で、ヒンジの吊り元である金属支柱のことです。門柱型は施工時も、その後も調整代が大きくて比較的自由なタイプ。埋込型は門柱がなく、すっきりした納まりになるのが利点です。1枚扉の場合はこれらの片側だけと考えてください。門扉には鉄鋳物製やアルミ製がありますが、全体の構成は同じです。

◯ ズレの調整

扉が傾いてぴったり合わなくなったら、ヒンジの調整で位置を整えられます。図は調整箇所や調整代が多い「門柱型」の例です。この形式なら、ほとんどの狂いはモンキーレンチ1本で調整できます。ボルトを緩めて、位置決めしてから締め直すだけです。ただしボルトごとに調節方向が決まっているので、扉をどの方向に移動したらよいかを考えて、1方向ずつ調節します。またズレているのが、右

扉なのか左扉なのかを見定めてから作業しないと混乱しがちです。さらに高さ方向は、上下２個のヒンジを同時に調整しないと動かないので注意。扉が重い場合は板材を下に置いたり、テコ式に持ち上げて支えましょう。もしボルトがサビて固い場合は、浸透性潤滑油（ＣＲＣ 5-56 など）を吹き付けてから回せば確実です。

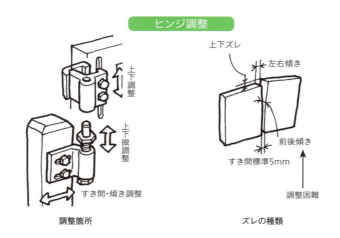

ヒンジ調整

調整箇所 / ズレの種類

◯ ヒンジの交換・取り付け

　ヒンジ自体が変形している場合は純正部品に交換。そのメーカーと取引のある店なら取り寄せを頼めます。門柱型はすべてボルトだけで着脱できます。困るのは埋込型。まれに根元のコンクリートが割れて、緩むこともあります。処置としては掘り出して交換または埋め直しです。まず扉は上方向に外し、タガネでヒンジの周りを欠き取ります。ヒンジが取り出せたら、図のように下げ振りを通し、上下いずれか無事なヒンジを基に位置決めします。ヒンジを仮固定するには、ヒンジに太めの針金を結んでヒゲ状に出します。それを穴の内部で押し広げ、ヒンジを目的の位置に浮かせます。また支持台を作ってエポキシ接着剤で固定するのも有効です。これは後でたたいてはがします。空洞にはモルタルを突き込んでコテ仕上げ。４日後まで硬化を待って、もと通り組み立てます。

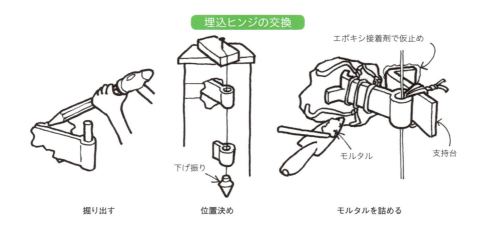

埋込ヒンジの交換

掘り出す / 位置決め / モルタルを詰める

応用例 5 アプローチの敷石を作る

アプローチとは門から玄関までの通路。水溜まりがなく、靴を汚さずに歩ける敷石を作りましょう。歩きやすさの基本は、やはり平らで丈夫なことです。そしてふと足元に目をやった時に、個性を感じるような敷石が最高です。

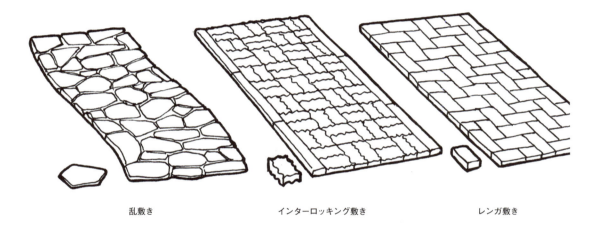

乱敷き　　インターロッキング敷き　　レンガ敷き

◯ 敷石の種類

　乱敷きは不定形の薄い石を張ったもの。目地のリズムに風情があり、曲線の通路も作りやすいタイプです。石がガタついて割れないよう、また沈まないようにコンクリートで固めるのが普通で、縁石の有り無しは自由です。主に和風ですが、石の選び方によっては洋風にも仕上がります。

　インターロッキングブロックは、もともとは歩道や園路の路材です。現代風の軽快な質感が好まれています。外形がかみ合って固定されるので、コンクリートなしで置き敷きにします。そして端部は必ず縁石で保護します。

　レンガはタテヨコの組み合わせパターンに、無数の種類があります。面積が大きい敷石だけに、レンガのしゃれた欧風イメージがよく出ます。

　敷石は飛び石と違って、自転車でも通れる安全な通路です。真っすぐ作ればスッキリし、緩いカーブは気分が落ち着きます。施工にかかる材料費と時間は選択の要素ですが、庭によっては将来に変更が利くかどうかもポイントになります。

第3章 アプローチの敷石を作る

○ 乱敷き

　乱敷きに使う石は、厚さ3cmほどに切った天然石です。店頭には「敷石」や「乱形」などがあります。鉄平石が代表的ですが、泥岩のような軟らかい質感の石も使われます。どれも適当な大きさに割って使います。これらは割れやすいのでコンクリートの路盤が必要です。構造は図のようになります。

　まずは図のような厚さが必要なので、その分の土を掘ります。そして板で枠を作り、敷き砂利、捨てコンクリートまでを打ちます。歩けるくらいに硬化したら、仮に石を並べて配置の検討です。石の形を見て、長い直線側は縁に使い、とがったカドは内側へ向けます。目地は十字に交差しないようT字形に納め、大小の石をリズミカルに散らすバランスは、好みと感覚によります。全体が決まったら、広い合板かシートを近くに用意。そこに1m角ほどの範囲の石を、そのままの配置で移します。ここで石には水湿しをしておきましょう。

乱敷きの作業

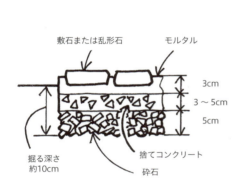

構造

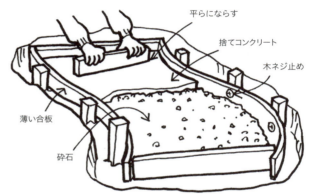

捨てコンクリート打ち

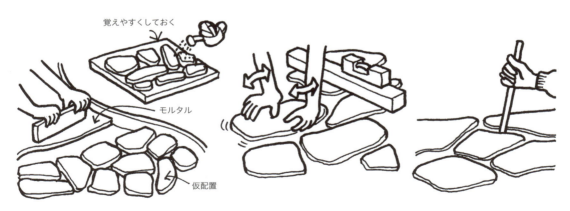

下地モルタル塗り　　貼り付け　　目地詰め

まるごとわかる！庭づくりDIYの基本　129

コンクリートの上、石を空けた範囲に3cm厚のモルタルを塗ります。これは貼付け用モルタルなので、ムラは構いません。移しておいた石のひとつを出し、裏に薄くモルタルまたはノロを塗ります。これを予定の位置に置いて、こじりながら1cmほど沈めます。続いて3個ほど置いたら、真っすぐな板を当てて、水平器で確認。これをくり返していきます。もとの配置通りに再現できるとは限りません。予備に小さめの石をたくさん用意しておけばアドリブが利きます。また1個ごとに決めず、3〜5個単位で目地を分け合うように進めるのがコツです。貼り終えたら水を打ち、シートをかけて養生します。

　数日待って目地詰め。石表面から深さ1cmくらいに仕上げます。平目地はどこかに水が溜まるので避けます。また幅1mくらいの敷石では、水勾配は設けません。片流れやカマボコ状では、見た目が落ち着かないからです。

◯ インターロッキング敷き

　こちらには「捨てコン」は不要。砕石を突き固めた上に、砂を平らに敷いただけで、インターロッキングブロックを並べる構造です。

　地面は図のような深さに掘ってから、両端に縁石を配列します。不自然でない範囲で、大きめの縁石のほうが長期的にも丈夫です。通路幅は試験的にブロックを組み合わせて測っておきます。高さは向かい側の縁石と水平に合わせます。これらの位置決めは水糸を張って作業すれば確実です。配列が整ったら、縁石の外側を土決めで固定します。次に縁石の内側に砂を敷き、表面を板でならします。縁石をガイドにすれば一定の高さを保て、手早い作業です。

　ブロックをすき間なく敷き詰めます。時々小さな板で、軽くヨコたたきにするとよく締まります。さらに表面に板を当て、段差がないことを確かめます。後から1個だけ引き抜くのは大変なので、1列ずつ確実に仕上げましょう。敷いたブロックに乗り、列ごとに前へ進んでいきます。ヒザをつく作業なので、ニープロテクターがあればラク。これは段ボール紙を敷いても代用になります。

　敷き終わったら目地詰め。板で砂をタテヨコに掃けば、目地が埋まります。これが「砂目地」です。余った砂はホウキで取り除き、水を撒いて砂を落ち着かせます。これで完了ですが、乾いたころにもう一度砂を詰めれば完璧です。

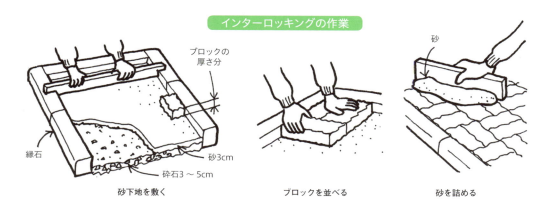

インターロッキングの作業

砂下地を敷く　　ブロックを並べる　　砂を詰める

◯ レンガ敷き

レンガ敷きも、作業はインターロック敷きと同じ方法でできます。「捨てコン」で固めない砂の路盤は縁が崩れやすいので、これにも縁石が必要です。市販の鉄道枕木を使ったり、レンガをタテに埋めるなど、好みで選べます。

「普通レンガ」はきっちりした直方体で、カドもピンと立っています。そのためレンガ同志を突き付けると陰影が消え、薄べったい印象です。むしろカドが丸いレンガを敷いたほうが存在感があります。またこうした置き敷き方式は、長年経つとどこかが沈んで歪みます。何年かに1度は部分的に下の砂を詰め直すメンテナンスが必要です。しかしいつでも変更が利くのは大きなメリットです。

レンガ敷きの構造

縁が崩れやすい　　レンガを立てて補強　　枕木の縁石

一方、目地幅を設けてモルタルを詰める場合は「ドライモルタル」の手法が簡単です。レンガの目地幅を一定に並べるには、1cm厚の板をガイドにします。次にホウキで、目地にインスタントセメントを粉のまま入れます。それをやや薄い板で押し固めます。そしてモルタルが流れないよう、ジョウロでゆっくり水を撒いてできあがり。いくつかの敷き方を見ましたが、これらを組み合わせてみてもよいでしょう。

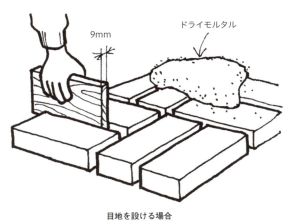

目地を設ける場合

応用例 6 バーベキュー台を作る

庭でバーベキューはいかが。キャンプ用品にもバーベキューコンロはあるけれど、雰囲気ごと楽しむにはレンガがぴったりです。そうした機会が多い方にはレンガで作る本格的な台を。人数や庭の配置に合ったタイプを計画しましょう。

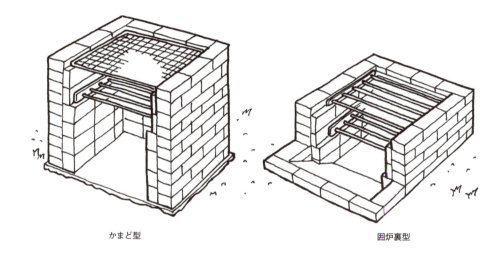

かまど型　　　　　　　囲炉裏型

◯ バーベキュー台とレンガ

　レンガは火によく似合います。暖炉のイメージなのでしょうか。ススが付いても、不思議とその汚れがサマになります。仲間を集めてのバーベキューの楽しさや美味もさることながら、たき火の楽しさを求める人も多いようです。

　バーベキュー台はこうした必然性のためもあって、庭にポンとレンガ造りが登場しても不自然さはありません。逆にレンガ敷きに連続する場所に作ると、シンボリックな感じが薄れます。ちょっと仕切りを設けたほうがよいでしょう。

　焼却炉など、高温で毎日のように使う設備には「耐火レンガ」と「耐火セメント」を使います。しかし週に一度くらいの使い方であれば「普通レンガ」でも問題ありません。ただし養生だけはしっかり。でき上がった翌日に火を入れたのでは、モルタル部分がもろくなります。少なくとも1週間は待ちましょう。

◯ 火の距離

　設計に際しては、網に対してのスノコの距離が肝心です。それを求めるために、まず薪（たきぎ）の燃やし方を見てみます。焚き付けには、なるべく紙を避けます。上昇気流に乗り切れなかった灰が食材に舞い落ちるからです。細い枝の火から、だんだん太い薪へ移していきます。そして火の勢いが落ち着いて、炭が燃えているような「おき火」の状態になってから、食材を載せるのが基本です。

　スノコの位置はこの「おき火」を基準にします。バーベキュー網と薪表面の距離は図の通りです。8〜12cmは近火・遠火の範囲。鍋（なべ）を載せる場合は5cmです。薪の太さや積み重ねる量はさまざまですが、多くても10cmでしょう。これらの最大値を集めてみれば、スノコの位置は網の下方22cmに設定できます。しかし念のため、後で調節できるように設計します。

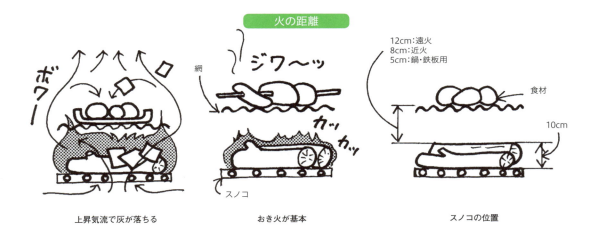

上昇気流で灰が落ちる　　おき火が基本　　スノコの位置

◯ かまど型の場合

　左ページの図では、かまど型がごく一般的なタイプでしょう。立ち姿勢で調理して、近くのテーブルに出すスタイルになります。もっとも、自然と台の周りに集まって立ち食いになるのもよくある風景です。使いやすい全高は75〜85cm。イスに座ったまま使うなら70cmくらいになります。

　台の平面形は網に合わせたサイズです。網のサイズは製品によってさまざま。しかし消耗品なので、いつでも同じサイズが買えるように、最寄りの店で入手します。網のサイズに1〜2cmの余裕を見て、台の基本内寸にします（次ページの図）。その内側はレンガを小端立てに積み、スノコと網を支える構造です。

　基礎は「敷き砂利＋捨てコン」として、その分の土を掘ります。コンクリートの表面は平らに仕上げます。ここは火床になるので、滑らかなほうが掃除に便利です。ここにレンガを「コ」の字に積みます。通し目地でも構いませんが、見映えとしては馬踏み目地でしょう。網のサイズに合わせてできた半端が、半マスでも吸収できない時はレンガを切って合わせます。こうすると、次はこのサイズに合うスノコを探すのがひと苦労です。スノコはU字溝や溜桝用のグレーチングが合えば使えます。しかし図のように自作したほうが、ぴっ

かまど型の制作

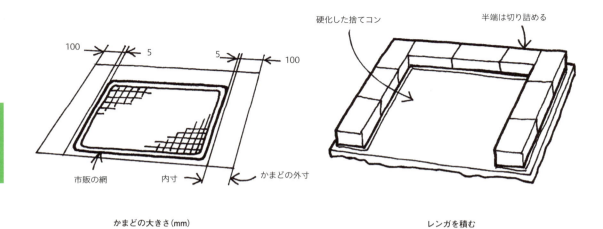

かまどの大きさ(mm)　　　　　　　　レンガを積む

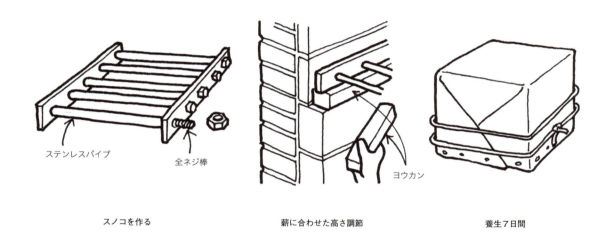

スノコを作る　　　薪に合わせた高さ調節　　　養生7日間

たり合うものができます。火に当たる金属は腐食が速いので、これも何年かおきに作り直します。

　台の内側にはスノコと網を載せる段を作ります。レンガは内壁の自由な高さに貼り付けられそうですが、万一はがれた場合に危険なので、下から積むほうが無難です。段の上面は、載せたものがガタつかないように水平面に納めます。上に合板をはめて、出っぱりをたたいて沈めれば確実です。

　目地は普通の沈み目地で仕上げ、内側は掃除に便利な平目地にします。目地詰めが終わったら全体に水をかけ、シートを巻き付けて養生します。

　使い始めたら、スノコは薪の火力に合った高さに調節します。ヨウカン（角棒状のレンガ）を用意して、段にはさめば手軽です。いつも使う高さが決まってきたら、スノコの枠は幅広い鉄板で作り直すとよいでしょう。

◯ 囲炉裏型を作る

　こちらは低めで、火の周りに座れるタイプ。ちょうど河原で石を組んで作る、あの高さです。この場合は鍋（なべ）を置いても似合います。焚き口（たきぐち）は斜面。空気の入り口と、灰の取り出し口を兼ねます。

　作るには、まず斜面部分も含めて一回り大きく地面を掘り、平らに砂利を敷きます。そして火床の真ん中には型枠を置き、そこを残してコンクリートを流します。これは雨水が溜まるのを防いで浸透式にするためです。このコンクリートの上にレンガを積み、内壁の段形状は「かまど型」と同様に作ります。次に斜面をコンクリートで固め、表面はコテで仕上げます。台の周辺はレンガ敷きや、枕木で囲炉裏端のように囲めば落ち着きが出ます。

　ここで鍋を載せる構造を考えてみます。網の上に鍋では揺れて不安定。解決策として、網を受ける段にもスノコを作って載せます。これなら丈夫で鍋も置けます。網を使う際はこの上に敷きます。さらに鉄板も、そして2枚敷き並べるのも可能です。また台自体の寸法も、網のサイズに縛られず自由になります。

> 囲炉裏型の制作

穴を掘る　　　　　　　　　　　　地下部分のレンガを積む

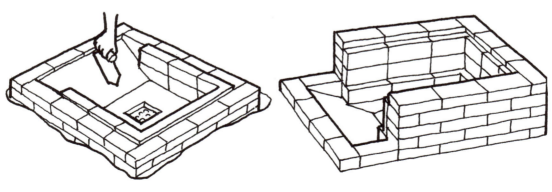

焚き口を塗る　　　　　　　　　　地上部を積む

応用例 7 外流しを作る

庭で使う流し台。プラスチック製の外流しはサイズも数種類揃っています。しかし汚れを洗うだけでなく、「水遊びに似合う流しがほしい」「自由な形にしたい」と思ったら自分で作ってみましょう。仕上げは好みのタイルで飾ります。

市販の外流し

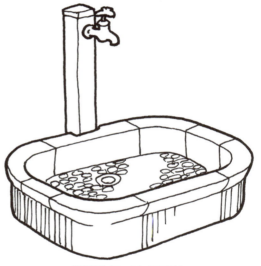

花壇用のブロックによる外流し

自由な形の流し

「外流し」はスコップなどの道具や、収穫した野菜を洗うところ。用事を済ます設備と考えるか、心地よい水の感触を味わう場所として使うかで、まったく違う存在になってしまいます。公園の水道のように「水遊び」的な、楽しい雰囲気を盛り込めたら、きっと庭での楽しみも広がることでしょう。

自分で流しを作る材料としてはレンガもありますが、どうも四角を基調としたものになりがちです。本当に自由に作ろうと思ったら、型枠を作ってコンクリートを流すしかありません。代わりに「花壇用ブロック」を試してはどうでしょうか。特に曲面のブロックが楽しい形を表現しやすいので便利です。またこれを骨組みにして、その上にモルタルで形作ることもできます。盛れるのは厚さ3cmくらいです。ここではタイルで化粧してみます。

● 花壇用ブロックで作る流し

　市販品からの連想で、流し単体を別の平らな板の上で作ってもよさそうに見えます。しかし、できあがると重くて持ち上がりません。やはり「捨てコン」の上に作りましょう。底面積の割に全高は低いので、薄い捨てコンでもOKです。その上に花壇用ブロックを並べます。長さの調節に半マスもあれば便利です。ない時は、ブロックをディスクグラインダで切ります。またブロックの厚さで水栓柱が遠ざかってしまう場合も、削って合わせます。ブロックの継ぎ目や底面にモルタルをたっぷり盛ってから、押し付けて目地幅1cmに収めます。はみ出したモルタルは、コテですり切って仕上げます。

第3章 セメントを使う

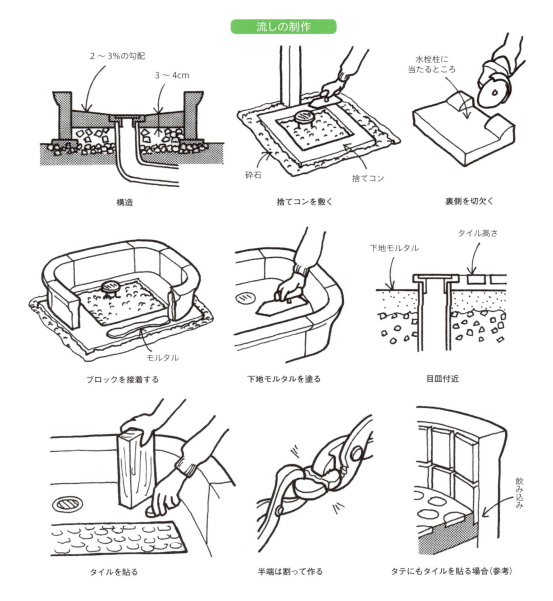

流しの制作

ここで1日養生。

　既設排水管には、その内径に合う目皿を用意してはめます。これで流し底面の高さが決まります。目皿には数種類ありますが、ジャバラホース用ではなくVU管に接続するタイプです。タイルを貼る厚さ1cmを見込んで、コンクリートを流し、コテで水勾配の2％ほどに仕上げます。ここでまた1日養生。

　底面にモザイクタイルを貼ります。白色モルタルを塗り、タイルは台紙ごと押し付けて貼ります。タイル表面と目皿表面はぴったり揃えます。そして外周や目皿付近はタイルをバラで貼り、隅の半端は、タイルを折って当てはめます。台紙が付いた部分をはがし、4時間後に化粧目地を詰めます。掃除しやすい平目地が適当です。中に人が入って足を洗うのであれば、沈み目地で滑り止めにします。さらに好みで、タイルの範囲を全面に広げていっても楽しいでしょう。

〇 水栓柱の化粧

　流しがきれいになって、取り残されるのが水栓柱です。これはタイルで化粧してみましょう。簡単な方法は、直接タイルを接着剤で柱に貼っていくこと。目地を詰めれば、割合はがれることなく長持ちします。くれぐれも水栓の根元は埋め込まないように。これは修理や交換などのメンテナンスに備えてのことです。

　もっと自由に形作るには図のように、柱に針金を巻いて、それをモルタル塗りの芯にします。盛り付けできる厚さは針金表面から1.5cmまで。2回塗りで3cmです。水栓が埋まってしまうので、管は継ぎ手で延長します。購入の際は、径「呼び13」と、延長する長さで選びます。ここまで来ると、流しと一体化したくなります。でも水栓柱と流しはモルタル接着しないこと。水栓柱はホースの着脱で揺さぶられるため、継ぎ目には長年の間にヒビが入ってしまいます。一体感を出すなら、このふたつを同色のタイルでまとめるところまでです。庭の楽しいアクセントに仕上げましょう。

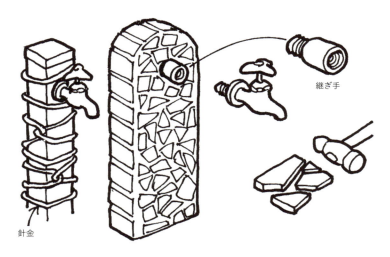

水栓柱にもタイル

第4章
樹木を育てる

CONTENTS

基本作業 1	堀り上げ	142
基本作業 2	植え込み	146
基本作業 3	植物に適した土作り	150
基本作業 4	剪定	156
基本作業 5	刈り込み	164
COLUMN 4	ハチの巣退治	167
COLUMN 5	使いたい道具	168
応用例 1	建物にかかった枝を下ろす	172
応用例 2	生垣を作る	176
応用例 3	種から育てる	180
応用例 4	切り倒す	184
応用例 5	切った枝を整理する	188

第4章

樹木を育てる

ここからは樹木です。主に植え替えと剪定を見ていきます。まずスコップやハサミを持ちましょう。普段から樹木を見ていれば、植えるのも切るのも好みでOKです。それでも迷った時のために、基本の考え方を見てみましょう。

◯ 生活と生育の折り合い

庭木を育てていると、幼木の時期は早く育ってほしいと思います。しかし勝手なもので、2mを超えると、今度はあまり伸び過ぎないでほしくなります。大きな樹木で庭が不便になったり、部屋が暗くなったのでは困りもの。こうした不満が多くなると、樹木への愛情も薄れがちです。庭は基本的には遊び場。その機能と調和する心地よい場所を作りましょう。そのためには植え替えも剪定も必要です。これは樹勢さえあれば思いのままですし、逆に弱った樹木の活気も取り戻せます。やはり住む人も樹木も健康がいちばんです。

◯ 樹木各部の名称

図は幹や根など各部分の名前です。樹冠は枝葉が茂ってできる外形、またはその塊部分を指します。その下部分は枝下です。幹（＝樹幹）は枝に対する名前で、当然ながら樹冠の中にも通っています。株立ち（根元からの枝分かれ）のものは、目立って太い枝を主幹と呼びます。目通りは目の高さで測った幹の太さです。

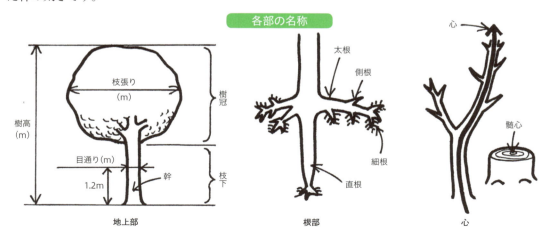

各部の名称

第4章 樹木を育てる

剪定の場面で言われる「心（しん）」とは、樹木の形や枝振りを見定めるための言葉。幹と太い枝を、頂上や枝先までたどったラインです。ちなみに板材で言う「心」は年輪の中心ですが、生木では髄心または髄と呼びます。

幹を支えているのは直根や太根。なかでも太いものは力根（ちからね）です。その先の側根までは、土の養分を吸収せず、もっぱら細根だけが吸収しています。

◯ 庭に合った樹木

庭木の第一条件は移植可能なことです。樹種によっては移植を嫌って枯れるものもあります。移植の難易は、樹種ごとに専門の本で調べてください。また植える時の樹高は2m以下。これより大きいものは植え替えの労力が大変です。そして樹勢の衰えた老木は活着が期待できません。

樹種としては、やはり地域の気候にあったものがいちばんです。近所の庭に何が植わっているかを見て歩けば見当がつきます。またあまり高木になる樹種は避けますが、まめに剪定して小さく保てればOKです。しかし直幹大木のヒマラヤスギは、その頂上を切ると形がまとまらないなど、樹形も要チェックです。

一般には生長の速い樹種なら育てやすいでしょう。萌芽力があれば虫害もすぐ回復でき、剪定も利きます。ひとつの目安として、苗木や幼木は安いものほど生命力があります。なぜなら、よく増えて数多く生産されるからです。

◯ よい苗木の選び方

樹勢のある樹木は、葉の色も濃い緑色で生き生きとしています。苗木を購入する際も、同様に元気で丈夫なものは見分けられます。苗木特有の注意点としては、頂上部分が傷ついていないもの。そうでないと樹形が曲がってしまいます。また根元に挿し木の折れ曲がり跡のあるものは、成木になっても残ります。株立ちの木なら問題ないことですが、真っすぐ育てるには不向きです。

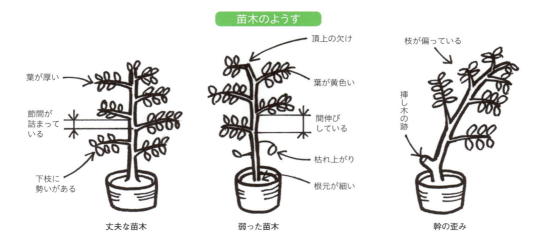

苗木のようす

基本作業 1 掘り上げ

樹木を掘り上げる目的は植え替えのため。枯れちゃったからというのでは困ります。樹木の生命力を生かし、負担をかけずに掘り上げるのが理想です。苗木なら簡単。もっとコツが必要な、幼木や成木を掘り上げてみましょう。

◯ 植え替えの難易

　樹木がどの場所を気に入るかは、ある程度試してみないと分かりません。肥料をやっても思わしくない時は、庭の模様替えも兼ねて、植え替えをするのもよい方法です。樹木には日照を好む「陽樹」と、あまり当たると葉が焼けて弱る「陰樹」があります。さらに耐陰性のある陽樹も。また虫害を受けた木は、風通しのよい場所にすれば虫害は解決します。植え替えは樹木に負担をかけるとは限りません。頻繁に植え替えをした木は、根回しができて丈夫になります。葉の色が黄色くなり、下方の枝が枯れ上がってきたら、樹勢が衰えた証拠。あまり衰弱してからでは移植に耐えられないので、こうなる前に植え替えましょう。

　一般に移植しやすいのは樹高2mまで。それ以上はなかなか根が着きません。枝張りは1.5mくらいまでです。枝葉は切れば小さくなるものの、同じくらいに広がった根は掘り上げが困難です。それ

移植の適期

針葉樹	2、3、4月の萌芽前が最適。他に9、10月。
常緑広葉樹	4月の萌芽前。または梅雨の6、7月、葉が広がる時期。
落葉樹	落葉期。樹種によって落葉直後の晩秋、または芽吹き前の冬。

根の形

深根型　　　　　　　中間型　　　　　　浅根型
モミ、ダイオウマツ、コナラ　　コブシ、アオギリ　　ホウノキ、サワラ

でも広いだけで浅根の木なら、後述する「根回し」で処置は可能です。これに対し、深根型の樹種はゴボウを掘るようなもの。根鉢を崩さず掘るには神経を使います。そのような樹種は成木になったら動かせないので、移すなら幼木のうちです。また移植に適した時期としては、生長活動が止まる冬頃から、萌芽前くらいが一般的な目安です。

◯ 根回し

　大きく張った根でも、細根は外周の辺りだけしか付いていません。掘り上げの時にいっぺんに根を小さく切ってしまうと、養分を吸うことができなくなります。そこで植え替えの前年に根の先を切って、もっと内側に細根を出させるのが根回しです。こうすれば丈夫でしかも小さい根鉢になるので、安心して移植できます。貴重な木や樹勢が落ちた老木などは、２年前から数回に分けて行います。

　作業としてはまず、幹から離れた場所を円周状に掘ります。径は翌年に掘り上げる根鉢よりも一回り小さいくらい。側根などの細い根はノコや剪定ハサミを使い、癒着しないように２箇所で切り離します。太根を切るのは木が弱るもと。吸収していなくても、養分を上に送り上げている根だからです。ここは小刀で皮をむきます。これも広い幅でむかないと、根が生えずに皮がおおってしまいます。真下に向かう直根は掘り上げる時に切るとして、そのままにします。

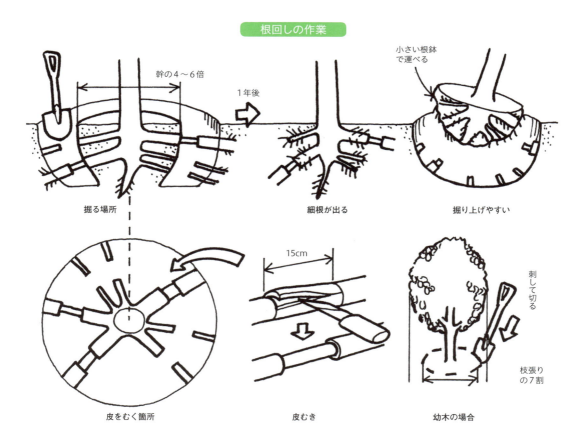

根回しの作業

全体にどのくらい切るかは掘ってみないと分かりません。高い木の場合、もし切り過ぎてグラグラするようなら、台風に備えて支柱を立てることも必要になります。逆に幼木や根張りの小さな木は、地面の上からスコップで突き切るだけでOKです。この場合も掘り上げの根鉢より小さくします。

◯ 掘り上げ

　根回しした翌年、切り詰めた根の先には細根が密生しています。その外側を狙って、スコップでひと回り大きく掘ります。養生シートを広げ、掘り出した土をそこに盛れば、芝生や敷き砂利に混ざるのを防げます。手狭になったら一輪車でまめに土を運び出します。よくあるのは、土を置く場所に困って、樹木を無理に引っぱり上げようというパターンです。結果としては根こぎ状態になってしまい、活着はおぼつきません。場所を確保して充分に土をかき出せば、隠れた根も見つかります。細部は移植コテ。地盤につながった根はエンピやノコで切ります。くれぐれも根鉢は崩さないように。最後に直根を切ります。これは大事な力根になっているので、なるべく深く長くたぐりましょう。直根がない樹種もありますが、あると思って探ったほうが賢明です。

　ここで根巻きをします。穴から持ち上げる時に、根鉢が崩れやすいからです。そうなると細根も落ちてしまうので、根巻きで防ぎます。ムシロは入手困難なので、新聞紙で代用。その上から荒縄で根鉢にまんべんなく回します。もし密に締まった根鉢であれば、この作業は不要です。この段階で一度幹を大きく斜めに傾け、根をすべて切り離せたかどうか点検します。

　木テコを根鉢の下に入れてすくい出します。木テコは2×4材などの角材で、先を斜めに切って使います。作業は2人で分担し、ひとりは幹が倒れないように支えます。冬の落葉樹では、とがった芽が顔に当たるので、必要に応じて樹冠に養生シートを巻いておくとよいでしょう。テコは枕木を支点に、舟を漕ぐようにして樹木を持ち上げ、穴の外に出します。

掘り上げ作業

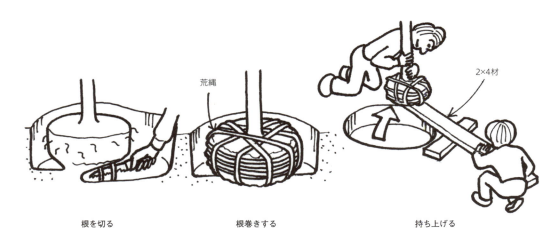

根を切る　　　　　　根巻きする　　　　　　持ち上げる

○ 運搬・保管

　掘り上げた樹木は座りが悪いので、一輪車に載せても安定しません。特に大きな樹木は養生シートに包み、引いて運ぶのが簡単です。道板として塩ビ波板を敷けば、軽く滑ります。小さな木なら雪遊びのソリに載せる方法も便利です。くれぐれも根鉢を引きずらないこと。棒を幹に取り付けて2人で担ぐのも実用的。原始的な方法ですが、狭い通路ではこれがいちばんはかどります。

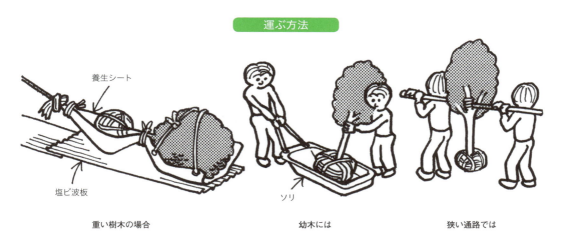

運ぶ方法

重い樹木の場合　　　　幼木には　　　　狭い通路では

　すぐに植えることができない樹木は、日陰のどこかに寄り掛けておきます。大切なのは、とにかく立たせておくこと。寝かすとかなり衰弱します。樹木は枝葉を太陽に向けることに全力を費やしてしまうからです。また数日以上置くのであれば、枝葉を切り詰めて根に水を打っておきます。しかしこれはやむを得ない場合です。手順としては、あらかじめ植え穴を用意してから掘り上げるくらいの段取りを組みましょう。

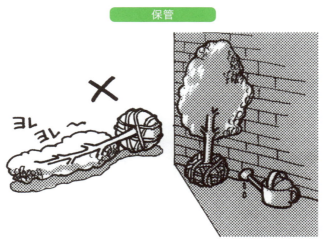

保管

日陰に立たせておく

基本作業 2 植え込み

用意する道具
- 剣スコップ
- 木ハサミ
- 突き棒
- ペンチ

掘り上げた樹木はなるべく早く植えたいもの。うまく着いてほしい樹木です。どれだけの処置をすればよいでしょうか。「植え込み」は確実に活着させるための作業です。ていねいに植えれば、樹木はきっと応えてくれます。

○ 植え込み作業

さっそく樹木を植えましょう。植え穴の大きさは、根鉢よりも大きく余裕をみて掘ります。後で突き固める余地を作り、土を軟らかくして根の張りを助けるためです。この穴に根巻きしたままの根鉢を入れ、木の向きを選びます。なるべく離れた場所から眺めましょう。決まったら穴に土を入れて、根鉢の高さを地面に合わせます。ここで根巻きをほどきます。荒縄は自然に腐ってなくなるものですが、早く根を張らせるには解いたほうがよいでしょう。

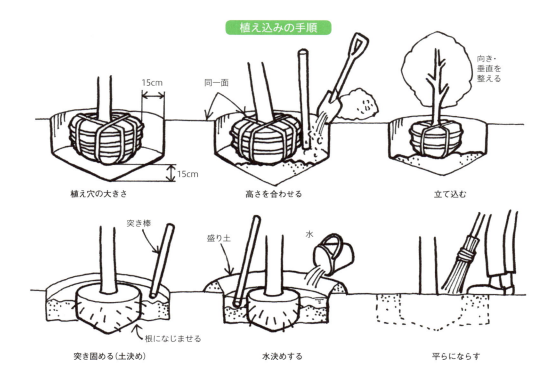

植え込みの手順

植え穴の大きさ / 高さを合わせる / 立て込む
突き固める（土決め） / 水決めする / 平らにならす

幹を垂直に立て込み、周りに土を入れながら突き固めます。これが土決めです。根のすき間ごとにしっかり土を送り込みます。土が7分目になったら水鉢を設けて水決めにします。穴の周囲に土を盛り、その中に水を入れてたっぷり染み込ませる要領です。水の引きが早い時は、どこかに空洞がある証拠。突き棒で数回刺します。ドロを練る必要はなく、プクッと空気を追い出すだけです。水溜まりがなくなったら、そこに周りの盛り土をかけて踏み、平らにならします。

土決めにするか水決めかは好みによります。土決めは様子を見ながらていねいにできます。手早いのは水決めです。また深くて大きい根鉢には水決めのほうが、土がよく行き渡ります。もちろん今見たように、両方やる方法もあります。

植え込み時に肥料は使いません。傷ついた根は肥料に負けやすいからです。回復を待ってから与えるほうが無難です。根の真下など、この際だからということであれば、肥料が直接根に触れないよう、間に5cm以上土を入れます。

なお庭木の更新、つまり枯れてしまった樹木の跡に同じ樹種を植える場合は、一種の連作になります。他から土を運んで入れ替えたほうが安全です。

◯ 植える深さ

植え替えの際は元の地面と同じ高さに植えるのが基本です。根鉢の上面を地表に揃えます。それでも幹のグラつきを止めたい時などは、深く植えたくなってしまいます。しかしこうして深植えにすると、根が呼吸できずに腐りやすくなってしまいます。この場合は、高植えにしてから土をかぶせます。これなら水はけよく、根が張って落ち着いた頃に盛り上がった土を取り除きます。逆に、植えてから深植えに気付いた場合は、周辺の土を広く、低くさらっておきます。

浅植えを頼りなく感じたり物足りなく思うのは、植えている本人だけのようです。かけた手間がひとつ少ないという感覚でしょう。実際には土の養分は地表付近に多いので、むしろ浅植えの木のほうがよく育ちます。根が横に張って、幹のすそがデコボコとしてくれば、見た目にも力強い樹木です。

根の深さ

幹の振れを止める時

浅植え＝標準　　高植え　　深植え　　深植えした時の処置

◯ 樹木の表裏

　木のどちらが表かというのは好みによります。ただ一般には手前側に枝葉がふさふさと多く茂っているほうが表です。このほうが見た目に豊かで、剪定で整えるのも簡単だからです。これを普段よく見るほうに向けます。つまり家側、通路側、またフェンス近くなら道路側などへ表を向けます。

　場合によっては、樹形の乱れを隠すように向けます。さらに、長く植わっていた樹木のクセを取り、まんべんない枝振りにしたい場合は、その場で裏返しに植え直すこともあります。こうして四方から見ても均整のとれた樹形にすれば、庭の真ん中にも植えられます。

　これらとは別に、もともと植わっていた向きを守るという考え方もあります。南側に生えた枝は植えた後も南。樹木も今まで通りで余計なエネルギーを使わないだろうという具合です。結構、迷ったらこれが決め手になるかもしれません。

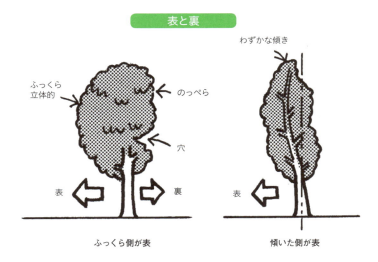

◯ 支柱立て

　移植直後に揺さぶられると、根が土になじめません。大きな樹木の割に小さい根鉢の場合、また台風が近い時などは支柱が必要になります。逆に支柱が要らないほど深植えにしたのでは、木がかわいそうです。

　いちばん丈夫な支柱が、図にある「八つ掛け」です。八つとは言っても、たいがいは3本の丸太で幹を支えます。太さは幹の1/3ほどの径で充分です。これを樹冠のすぐ下のなるべく高い位置で固定します。幹の保護には杉皮が最適です。しかしなかなか手に入りにくいので、代わりに荒縄を巻きます。丸太の下端は地面を掘って埋め、他方を荒縄部分にシュロ縄で結び付けます。針金では、幹の成長に伴って食い込んでしまうので禁物です。シュロ縄は水に濡らしてから綾に巻き、割り掛けに通して緩み止めにします。丸太を埋めたそばには根杭を打ち込み、ここは針金またはナマシ番線で締めます。この要領で丸太を3本取り付ければできあがり。揺らしても動かない、本格的で厳重な支柱になります。

支柱の立て方

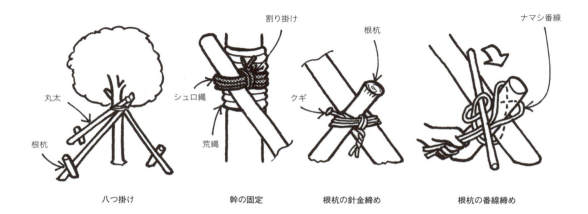

八つ掛け　　　幹の固定　　　根杭の針金締め　　　根杭の番線締め

　植えた木が活着して、八つを外せるのは4ケ月後くらい。その間、庭にこれだけの場所を取るのは難しいかもしれません。通路のじゃまになる時は丸太の向きをずらしたり、角度をやや立たせてもよいでしょう。さらに丸太の代わりにロープで3方に引っぱる方法も実用的です。この場合は径6mm程度のナイロンロープが適しています。庭の通路にかかる部分などは、人の背丈よりも高い位置に張れば、つまづいたりうっとうしいこともありません。

　公園や歩道でよく見かけるのは鳥居方式。しかしこれはあまり効果がありません。支柱が場所を取らないのはよいのですが、垂直に打った杭は揺さぶりに対抗できません。結果としては、逆に樹木のほうが杭を支えることにもなりかねません。ということで、どうもお勧めできません。

　また小さな幼木には1本棒の支柱が普通。しかし根鉢に向けて打ち込むと、根に傷が付きます。これには小さな八つ掛けをしてもよいでしょう。

その他の支柱

ロープ掛け　　　　　　鳥居方式は弱い　　　　　幼木の支柱

基本作業 3 植物に適した土作り

用意する道具
- 剣スコップ
- レーキ
- ガーデンホウキ
- 金テコ
- ツルハシ

樹木だけでなく草花も、そして花壇をと考えている方には、土作りも大切な作業です。通路の硬い土とは反対に、植物が喜ぶ、ふかふかの土にしましょう。肥料の種類は草花ごとに違うので、共通に使える堆肥を作ってみます。

◯ 地中の異物を取り除く

　新しい庭では、ちょっと掘っただけでコンクリート片やスレートのカケラが出てくることがあります。また、昔からの庭でも、使い方が変わった時など、敷き砂利の上にそのまま盛り土をした場所があるかもしれません。こうした異物は植物の根が張りにくい原因になるので掘り出します。

【根張り】

　ひとたび異物が出てくると、庭のすべてを耕してしまいたくなりますが、それでは庭が歩きにくくなるばかりです。花壇や生け垣など、植え込み範囲だけを柔らかい土にしましょう。花壇でも、縁取りの石だけは掘り返していない硬い土、つまり地山に載せたほうが崩れずに済みます。掘るのは縁石の内側です。図は、草花の根が届く深さです。草花なら20cm、樹木も予定している場合は40cm程度で、それ以上は実際の植え替えの時に掘ればよいでしょう。根の話のついでですが、竹などの地下茎で増える植物を予定している場合は、庭を占領されないよう、植える境目に深さ30cmの仕切り板を埋める必要があります。

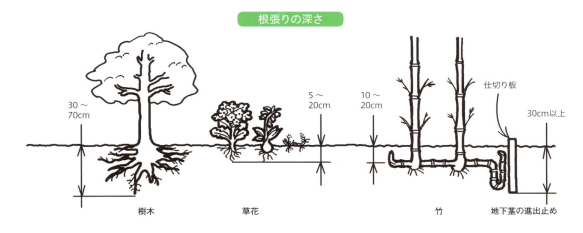

根張りの深さ

樹木 30〜70cm　草花 5〜20cm　竹 10〜20cm　仕切り板　地下茎の進出止め 30cm以上

【下水設備と掘り出し】

　地中には下水管などの設備が埋設されているので、キズを付けないようにします。下水管の位置は、ふたつのマンホールを結ぶ線で推定できます。一方、水道管は家屋の基礎付近をめぐっていますが、メーターや立ち上がり水栓付近の配管は庭を横切っているので注意が必要です。

　掘って異物に突き当たっても、上から見ただけでは大きさや形は分かりません。輪郭をたどって、外形がすべて現れたら大型バールや金テコでこじって引き出します。そこが新築工事で出たゴミの捨て場所であれば下に深く続き、地面を埋め立てた場所は、異物が水平な層で広がっていると考えてよいでしょう。出てきた敷き砂利の層は、上からツルハシで掘るのでは硬くて大変ですが、スコップでヨコにはがし取るように進めばラクな作業です。

異物の掘り出し作業

草花によい土の条件

　掘り出した土は、レーキで地表に薄く広げながら、2cm以上の大粒の石を取り除きます。畑ではないので、小さな石までもフルイで取り除く必要はありません。

　ことは気分の問題でもありますが、すべて完璧に取り除くのでは大変。根は異物のすき間に入り込んで進むので、異物が残っても植物は共存できます。

　異物が取り除けたら、今度は草花に適した土に改良します。草花の根には空気・水・養分の3要素が必要ですが、土を改良するうえで大切なのは空気、つまり通気性です。根は酸素を呼吸するので、水はけが悪く水栽培のように水が充満すると窒息してしまいます。また、水に溶けた養分を吸収しますが、溶液ではなく、土の中の水蒸気＝湿気を吸うと考えたほうがよいでしょう。

　化学肥料はいつでも追加できるので、土作りの時には施肥せず、後回しにします。最初からやりすぎて野菜のように太ってしまうと、植物の本来の姿や個性が楽しめません。バラのように大量の肥料を必要とする品種は別として、育てながら植物に聞いて肥料を与えたほうが確実です。

掘り出した土は柔らかく通気性がよいものですが、雨に打たれれば1年または数年で固くしまっていきます。その固まり具合は土質によります。

「粘土質の土」は、水はけの悪い場所に多いものです。粘った土は保水性がよいものの、粒子が細かく詰まっていて、通気性がありません。

「砂質の土」は粒子が大きくザラッとしていて通気性がありますが、保水性がなく、水はすぐに下へ通過してしまって養分を保てないのが欠点です。では、粘土と砂土を混ぜればよいかというと、それだけでは、水はけ対策にとどまります。植物用にはもうひとつ、根を張りやすい柔らかさが必要です。

「団粒状の土」は大小の粒子でできています。落ち葉などの有機質が混ざり、周りの細かい土粒子を集めて大粒を作っている構造です。たいがいの草花に適しています。手で握れば固くまとまり、さらに力を入れるとほぐれていく土です。観光農園のさつま芋掘りで体感できる、あの柔らかさが理想です。落ち葉の堆肥は基礎的な肥料にもなりますが、目的としては、むしろ土に通気性や柔らかさを維持させることに重点があります。

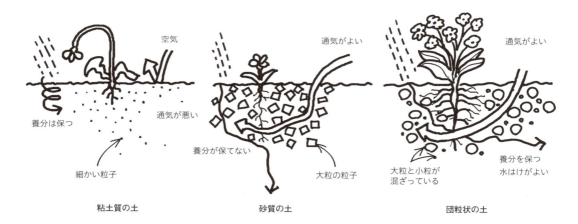

土質の種類

粘土質の土　砂質の土　団粒状の土

◯ 堆肥作り

堆肥はどんな植物にも合う、穏やかな肥料です。土に混ぜて団粒状にするための原料になるので、作ってみましょう。材料としては枯れた落ち葉が理想的で、森に堆積する腐葉土と同じです。だからと言って、庭に積もるまま朽ちて、土になるまで待っていると、害虫が発生して越冬する原因になります。これが大自然と、人工的に自然を演出して管理する庭との違いでしょう。

庭木の剪定で出た枝など、生の葉は腐るまでやや時間がかかりますが、問題なく使えます。数週間ほど枝を放置して枯らせば、簡単に葉をふるい落とせます。しかし、あとに残った枝は硬くなって剪定ハサミが傷むので、生のうちに軍手の手で葉をそぎ落として集めたほうがよいでしょう。太い枝はなかなか腐らないので捨て、径5mm以下の枝だけを原料にします。

第 4 章 植物に適した土作り

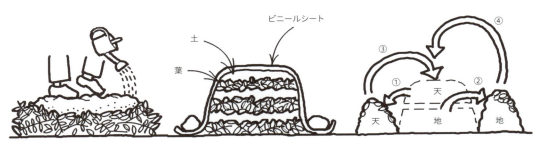

堆肥の作り方

土と水をかけて踏む　　シートをかけて待つ　　上層と下層を混ぜる

3ヶ月後

スコップで粉々になるくらい
＝でき上がり

ポリペール利用の堆肥作り

ポリペールに加工　　下から出して使う

　原料の葉は地面の一箇所に盛り、踏んで圧縮してから、土をかぶせた重さで落ち着かせ、水をかけます。上に鶏糞または米ぬか、油かすなどを撒けば発酵を促進できます。葉の量が多い時は、これを2層または3層にくり返します。そして、雨で養分が逃げないように、ビニールシートをかぶせておきます。

　落ち葉の堆肥なら1ヶ月後、生葉は2ヶ月後に、掘って上層と下層をひっくり返します（天地返し）。再度ビニールシートをかぶせて4ヶ月後、葉が黒く変わり、スコップで突けばほぐれるくらいになったらできあがりです。

　広い場所がない場合は、ポリペール（ゴミバケツ45〜90リットル）を利用します。下部分にはジグソーで窓を切り抜きます。枝下ろしで出てきた葉は、フタをあけて入れます。窓からこぼれそうに見えても、実際に崩れ出ることはありません。できた堆肥は下の窓から棒でかき出して使います。もし発酵が不十分なら、上から戻して天地返しができます。大量の混ぜ作業は、地中に埋めるコンポスト容器よりもラクです。

　堆肥にはムカデが住むこともあるので、素手や軍手で扱わないこと。スコップまたは長い棒、ビニール手袋などを用意しましょう。

◯ 堆肥のすき込み

　できた堆肥で花壇の土を改良します。まず、スコップで地面を深さ30cmほどに掘って線状に進みます。掘り出した土は塊を踏みほぐしてから、レーキで地面に広げ、石や雑草の根を取り除いて、穴の近くに盛っておきます。

　1列の溝が掘れたら、堆肥をすき込みながら埋め戻します。堆肥が硬い塊のままでは、肥料の層にはなっても、土を団粒状に改善できません。スコップで突き崩し、草削りまたはクワで土とよく混ぜ合わせて埋めます。1列ができたら、隣の列に進むことで、1回に大量の土をかき混ぜる力仕事は避けられます。最後に、表層3cmは土だけをかぶせ、堆肥の葉が地表に出るのを防ぎます。

　土を踏み固めるかどうかは、花壇の種類によります。パンジーなどを一面に密植する時や、畑のように畝（うね）ごとの通り道があれば、ふんわりしたままの土がよいでしょう。一般的には、草花の手入れで花壇の中を歩き回れるように踏み固めます。踏んでも硬くなりにくい土に改良したので大丈夫です。

　さて、石やブロックを置いて囲む花壇では、石をもとの硬い地盤（地山）に置きます。その場合は、すき込み作業の前に、地面に長いクギでヒモを固定して、区画の目印を付けて（P.33参照）から始めましょう。

堆肥のすき込み

第4章 植物に適した土作り

◯ 排水不良の対策

　土の性質を改良しても水はけが悪く、湿気っている場合は地下水位が高い場所かもしれません。図のような深い溝を掘って埋め戻せば、地表付近の湿気は少なくなります。通称「溝」または「溝切り」で、周囲の水を地下深くに集める役目をします。庭の端でフェンスや塀沿いに30cm以上離して施工するのが普通ですが、庭の真ん中でも、水はけの気になる辺りに設けても効果はあります。

　深さは60cm以上掘ることが大切です。幅は30cmで足りますが、作業上は体が入れる幅が必要です。距離は長いほど、さらに地下へ浸透する地質に出会う可能性が高まって効果的です。水切りパイプのある地盤であれば、パイプと直角方向に掘りましょう。また、マンホールなどの障害物があれば、迂回してL形に延長しますが、環状に閉じたコースは効果が低いので避けます。

　底には小石または砕石を厚く敷き、掘り出した土に砂を多めに混ぜて埋め戻します。花壇の中であれば、堆肥で代用しても浸透効果はあります。戻した土は、足のかかとで踏み歩いて圧縮し、高めに盛って周囲になだらかにつないでできあがりです。

第4章 樹木を育てる

溝切りの形状

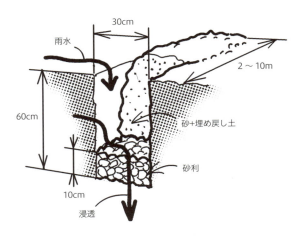

溝のしくみ

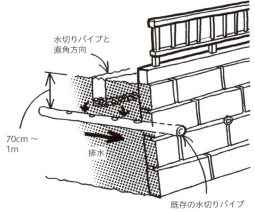

庭の外へ導けば理想的

基本作業 4 剪定

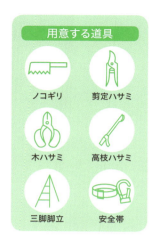

用意する道具: ノコギリ、剪定ハサミ、木ハサミ、高枝ハサミ、三脚脚立、安全帯

混んだ枝を整理したい。大きくなり過ぎた木を縮めたい。そしてカッコいい枝振りにしたい。日常の手入れでいちばん切実なのは剪定でしょう。それでも切り始めれば、なんとか形になります。ちょっとコツや基本を見てみましょう。

第4章　樹木を育てる

◯ 整姿の目的

　整姿（せいし）とは剪定をして樹形を整えること。下方の葉まで日が当たるようにして生長を助け、通風を改善して病害虫の被害を防ぎます。これがここで取り上げる、剪定による整姿です。つまり生育と鑑賞のための作業。また大きくなり過ぎた木は、庭の使い方に合った形や大きさにします。庭の日当たりが悪くなって下草が育たないとか、部屋が暗くなった時の剪定も整姿です。庭木に大切な、生活との調和と言えます。もっと発展すればブランコを吊るための樹木とか、物干し竿が載る枝という発想の剪定もおもしろいでしょう。これらの剪定に対して、「刈り込み」は、樹木の健康よりも装飾的な樹形を主眼にした剪定を言います。これは次の基本作業5で見ます。剪定に適した時期は、樹木の活動が盛んになる春先から秋口。真夏と真冬は避けます。

◯ 自然の樹形

　「樹形」という場合、樹冠の形を言うことが多いようです。しかし本来の樹形は樹冠と幹で形作られます。自然の中では、樹木は樹種ごとにほぼ決まった姿になっていきます。これが「自然樹形」。樹種特有の形であり、成木で顕著になります。刈り込んで仕立てる「人工樹形」に対する呼び方です。
　自然樹形はその樹木にとって、日照を受け止めやすく養分を体に行き渡らせることができる、生育しやすい形です。もっとも自然のままでは、大風で枝が落ちたり虫害で曲がることもあります。「自然樹形」と呼ぶ時は、それがない理想的な状態を想定しています。逆に「自然のまま」とは、放任状態を指します。ただ樹木自体は自分本来の樹形を保とうとするので、それに基本を置けば最小限の剪定で整います。庭木の景観としても、自然の安らぎを感じる樹形です。
　樹冠の形には図のような種類があります。いちばん多いのは卵形。端正な樹形です。円錐形は直幹の樹木に見られます。クリスマスツリーでおなじみのモミの木などは、大きくなり過ぎたからと言って頂上を切ると、もうモミのイメージがなくなってしまいます。こうした幾何学的な形でとらえられないのが「不整形」。サルスベリなどは成木になるまで、どんな形になるかわかりません。

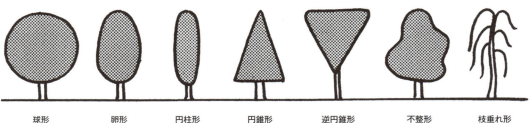

　一方、幹の形にも典型的な種類があります。大きく分ければ直幹型と分岐型。枝分かれの具合に着目してみましょう。分岐型は幹の中程から枝分かれをくり返すタイプ。多幹型は下のほうから枝分かれします。この多幹型の樹木は分岐が下のほうになりやすいだけで、場所や環境によってしばしば分岐型にもなります。アジサイのように、根元から分かれるものは株立ち型です。斜幹型は、幼木時代は直幹でも成木では斜めになります。さらにくねって育つ曲幹型。幹や枝は曲がって伸びるだけでなく、伸びた後の枝が向きを振ることさえあります。

　樹冠は成長後の枝葉の姿であり、幹はもともとの性質を示しています。剪定する際は両方を考え合わせて、仕上がりの予測を立てるとよいでしょう。

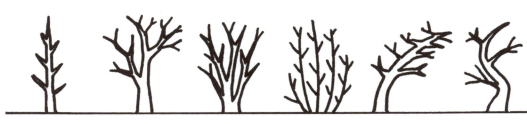

◯ 基本剪定

　放任された樹木は、枝が混み合ってしまいます。健全な状態にするためには、図のように枝を切り落とします。これはどの樹木にも当てはまる「基本剪定」です。自然樹形を前提に、通風と日当たりを改善する「透かし剪定」でもあります。樹高を縮めるなどの意図でなければ、日常の剪定はこれだけでも充分に整います。

　例えば太い枝の近くに出る平行枝。これが伸びると枝数が増え過ぎるので、小さいうちに切ります。交差枝は枝がからまる原因です。そして徒長枝は樹冠の内側を貫くように伸びる枝。かなり太く育って葉を付けるため、あまり放置した後に切ると樹冠に穴があいてしまいます。また毎年同じ部分で切っていると車枝やコブができます。思い切ってそれの下から取り除きます。ひこばえ、胴吹き枝などは待っていても丈夫な枝には育たないので、これも切ります。

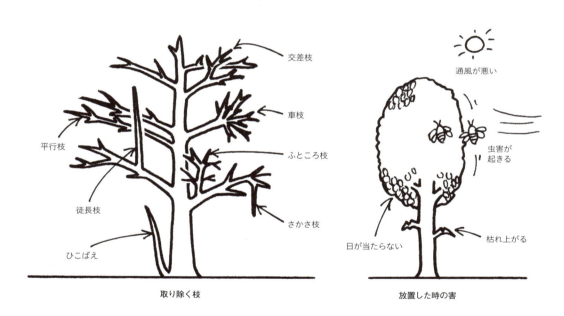

基本剪定

取り除く枝　　　　　放置した時の害

◯ 枝下ろし剪定

　剪定方法には2種類あります。枝の途中で切るのが、次の項に出てくる「切り詰め剪定」。付け根から切るのが、ここで述べる「枝下ろし剪定」です。

　枝ごとバッサリ切るのは、主に樹冠を「透かす」場合。切る箇所は基本剪定の通りです。太い枝を切るので剪定ノコを使います。枝の付け根ぎりぎりまで切らないと、わずかな残りから枝が出たり、そこが枯れ込むこともあります。

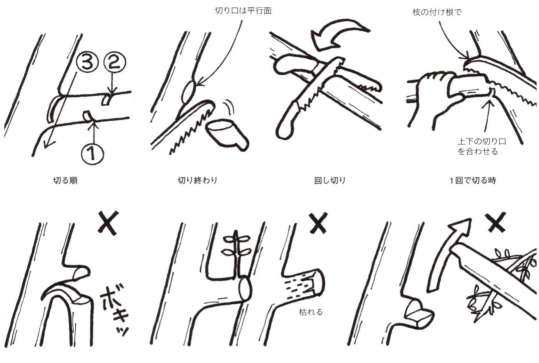

枝下ろし剪定

　作業の最初は枝の下側からノコを入れ、枝が割れるのを防ぎます。そのまま切っていくと、枝の重みでノコが締め付けられます。そうなったら次は、その切り口のすぐ「外（枝先）側」を上から切ります。これを内側にすると、枝が落ちる時に跳ね上がって危険です。切った枝が、他の枝を支点に舞い上がるからです。段になった切り口は、最小限の出っぱりに切り直します。ここまでの手順は基本として習慣付けておくとよいでしょう。もっとも、片手を添えて保持できる小枝は切り直さず1回で切断します。また高所作業などで体勢に余裕がない場合は、太枝であっても、上下両側の切り線を一致させて手早く切ります。

　ノコは力でゴシゴシ切ると線が曲がりやすく、ノコが重くなるばかりです。それよりも刃渡り長さを充分に生かして、ゆっくり真っすぐ挽くように心掛けます。結果的には、このほうがラクで速く切れます。さらに回し切りにすれば、切りクズがよく排出されて効率的です。大切なのはスムーズに腕が動く姿勢をとること。似た意味で、高い枝に手を伸ばして切るのもよくありません。枝の上下から切れず、どうしても横から左右に切ってしまいます。これでは枝割れを防げず、ノコは締め付けられて傷みます。充分な高さまで登って切りましょう。

　入念な処置としては、ザラザラな切り口を小刀で滑らかに削っておきます。そして「接ぎロウ」を塗ることもありますが、これらは老木や、樹勢の弱った木でなければ不要です。また接ぎロウはよほどの専門店でないと置いていません。

◯ 切り詰め剪定

　こちらは枝の途中から切る剪定作業。樹冠から飛び出した枝を切る時などがこれです。新生枝（今年出た枝）の場合、そのままでは枝先の芽しか枝になりません。その結果、樹冠表面しか葉がない状態では、その後の整姿が困難です。

　枝は外芽を残して、そのすぐ先（上）で切ります。これで枝は外側に伸び、ふっくらと広がります。反対に内芽の先で切るのは、逆さ枝になって混み合うもとです。また芽よりも先を残して切ると、そこが枯れて見苦しくなります。

　切るのは割合細い枝なので、主に剪定ハサミを使います。枝に対して斜めに当て、剪定ハサミを引いて回転させればよく切れます。ねじったりこじるとハサミのかみ合わせが狂います。さらに細い枝は木ハサミが適しています。

　「切り戻し剪定」という方法もあります。樹冠や樹高を小さくする剪定です。樹木を若返らせるため、または庭の日照を確保するために行います。作業は枝分かれ部分を見て、細い枝を残して太い枝の付け根で切る要領です。小さくしたい時ほど、幹に近いほうの枝分かれ部分を選んで切り返します。こうして樹木の状態に合わせた剪定方法を選び、または組み合わせて整姿していきます。

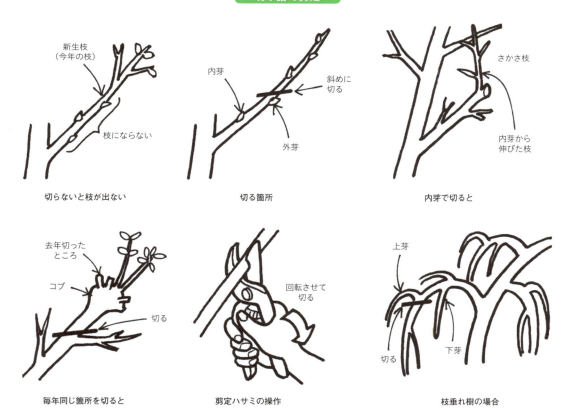

切り詰め剪定

○ 枝の読み方

　切る枝を見分けるには、まず枝の成り立ちを把握しましょう。基本として枝の向きは、らせん状の順番です。枝は平面的な左右で呼ばず、「東向きの枝」といった「向き」でとらえます。そしてひとつの枝の範囲は、物干し竿で揺らして見当を付けます。切りたい箇所にはチョークで印。それには図のような仕掛けが便利です。こうすれば木に登った後でも、切る枝を見失わずにすみます。

　さて、切った後にどんな枝が出るかです。太枝の場合、小枝のない中間部分を切ると養分の行き止まりになります。翌年には車枝になるでしょう。このような「心（しん）」を切る場合、わき枝を探してそれに立て替えれば、無理なく切り戻せます。じゃまにしていた、ふところ枝や徒長枝さえも、それに日を当ててやれば立て替えの有力な枝になります。また曲幹のクセを持った樹木は、すき間ができれば、そこを埋めるように枝を持ち上げるものと予想できます。

　花・果樹なのに花が咲かない場合。樹種によって新生枝に花が付くか、前年の枝に付くかの違いがあります。これは１年だけ剪定せずに見極めましょう。

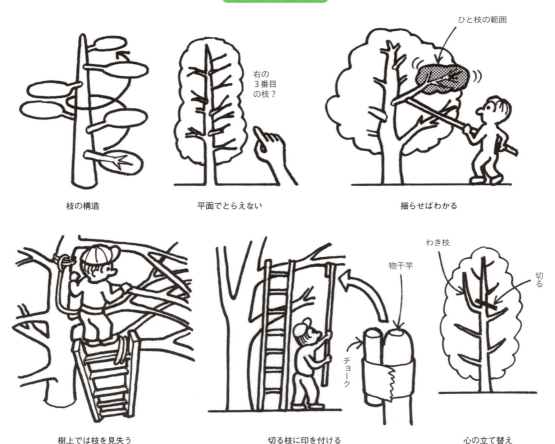

枝を読む工夫

枝の構造　　平面でとらえない　　揺らせばわかる

樹上では枝を見失う　　切る枝に印を付ける　　心の立て替え

◯ 三脚脚立の使い方

　剪定作業の中でも中間的な高さでは、安定して作業できる三脚脚立を使います。花壇や盛り土など、高低のある地面では控え棒の長さを調節し、鎖で角度を固定します。この時、控え棒を枝や障害物のすき間に分け入れ、剪定する樹木に脚立を思い切り近づけるのがコツです。これで乗り出さずに、自由な姿勢で剪定できます。また両手を離して立つこともできます。2段に足を掛けた姿勢をとりますが、踏み桟に寄り掛かったり、腰を掛けてもOKです。生垣のように上下に移動する剪定作業はヨコ向きに、丸い樹形には、脚立に向かう姿勢をとります。

三脚脚立での立ち方

脚立に向かう　　背を当てる　　ヨコ向き

◯ 高枝ハサミの使い方

　長い竿を備えた高枝ハサミ。地上から眺めて決めた枝を、そのままの場所にいて切れるのが便利です。これなら枝を間違えることはありません。またハシゴや三脚脚立を使っていても、そこからさらに高い枝はこれを使います。太い枝ではレバーを両手で握り、チョンと引きながら切ります。たいがいは刃の左側に「枝ツマミ」があるので、それを枝先側に向けます。そして握った手を離さずに枝を引き寄せます。刃は剪定ハサミと同じ形状なので、切る能力も同様です。しかし太い枝が切れなくて、途中でやめるとなったら酷です。あまり太い枝は切らないほうが無難でしょう。

高枝ハサミ

◯ 2連ハシゴの使い方

　ヒモの操作で延長して使えるハシゴです。樹木に対しては、幹掛けや横枝掛けにして作業します。ガタ踏みのない状態に立て掛けるのが大切です。不整地では脚の下に板を敷きます。登ったら、まず最初にハシゴを幹にロープ止めします。これは必ず行ってください。作業が進むにつれ、足元も見ずに一気にハシゴを登りがちだからです。よくあるのは、地上から眺めて切る枝を決めると、その枝から目を離さずに登るというパターンです。充分に安全を確保しましょう。

　高所作業なので腰に安全帯を装着します。フックを掛けるため、幹にもロープを結びます。枝を探して、付け根の上で結ぶのが確実。作業位置に対して、顔の高さ辺りにすれば理想的です。ハシゴや枝自体にフックを掛けるのは危険です。枝ごとにハシゴの高さを変えていくのが無難。あまり無理に手を伸ばさないことです。また枝に乗り移って作業するのは最小限にしたほうが安全です。

　伸縮の操作は図の通り。垂直に立てて、必ず取っ手を握ってから操作します。難しいメカではありません。ひとつ持っているとよいでしょう。

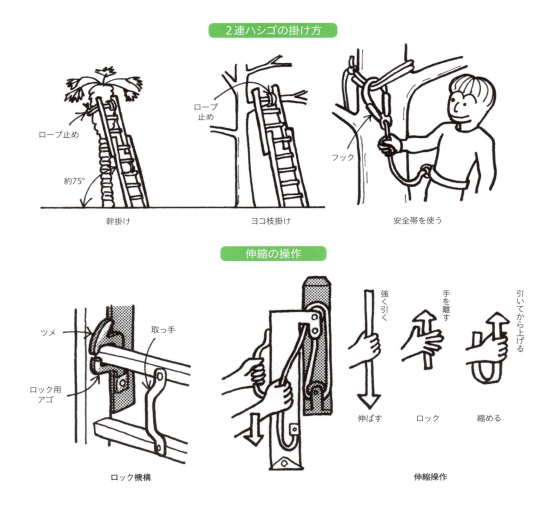

2連ハシゴの掛け方

幹掛け　　　ヨコ枝掛け　　　安全帯を使う

伸縮の操作

ロック機構　　　伸縮操作

基本作業 5 刈り込み

枝先だけを切り揃えるのが「刈り込み」。大きな刈り込みハサミで切る、あの作業です。大きな枝は切らないから気楽。ほうっておいた生垣もきれいに刈り揃えましょう。夢中になっているうちに、木の形が整ってきます。

第4章 樹木を育てる

○ 刈り込みの考え方

　刈り込みとは、枝葉の先端を刈り揃えて一定の形を作ること。図にあるのはそうしてできた人工樹形です。生垣仕立てや玉作り仕立てなどが代表的です。人工樹形は好みにもよりますが、きちんと手入れが行き届いた、よそいきの庭を感じます。枝葉の塊を見て刈り込むので、枝をひとつずつ見定める必要はありません。樹冠もあまり大きくならず、自然樹形よりも手入れはラクです。

　一般に葉が密に詰まった感じに仕上げます。そのため刈り込みに耐えて、萌芽力のある樹種が適しています。おなじみのツゲなどは、自然樹形のものを見かけるのが、まれなくらいです。またモチノキやマサキは生垣で親しまれています。

　人工樹形には伝統的な形状が多く、また樹種との組み合わせも固定化しがちです。個性的に形作るにはひと工夫必要です。また樹木や葉の表情を見せるか、装飾的な塊を見せるかという点では後者に重点があります。しかし庭の親しみやすさや安らぎの面で言えば、ふたつのバランスをとりたいものです。

人工樹形

第4章 刈り込み

◯ 生垣仕立ての刈り込み

　四角くできた「生垣」はまず天端を平らに刈ります。刈り込みハサミは裏返しに当てて使います。直線を出すには水糸を張るのが便利です。天端の向こう側に張るか、握りこぶしひとつ分だけ上に張ります。次に正面。ここはハサミを表にして上またはヨコに切り進みます。下半分は下に向けて切ればラク。背丈よりも高い生垣は、天端よりも正面を先に刈るほうが、カドを整えやすくなります。

　ツゲなどの細かい葉の場合は、凹凸のない平面に仕上げます。その際は片刃を固定して枝葉を迎え、もう片刃を動かして切るのがコツです。これで削ったような平面に仕上がります。刈り込みの深さは微妙。葉は表面から数cmまでしか付いていないこともあります。葉がない生垣にはできないので、刈れるのはせいぜいその半分までです。浅く少しずつ刈ります。正面は裾（すそ）をやや広く傾斜させて形作るほうが、葉に日が当たるので枯れ上がりを防げます。

　モチなどの大きめな葉の場合、切り線は葉の真ん中や小枝の分かれ目も、おかまいなしに通っていきます。気になるところは木ハサミで切り直しましょう。裾の枝は外芽のすぐ先で切り、枝を下に導きます。また目の高さにある枝先は、三つ葉の真ん中を切って、次に出る葉がヨコに広がるようにします。

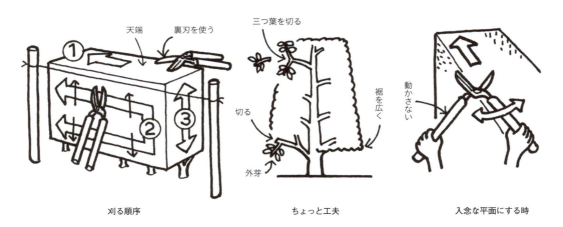

生垣の刈り方

刈る順序 ／ ちょっと工夫 ／ 入念な平面にする時

◯ 玉作り仕立ての刈り込み

　玉作り仕立ては、株立ちや分岐型の樹木を基に仕立てます。球形ないし逆円錐形の自然樹形を切り詰めていけばできます。いちばん葉が出ているのは天面なので、ここから刈ります（次ページの図）。次に見づらく刈りにくい裾。枯れ上がりやすきま間だらけの場合もあるのでごく軽く。最後に側面を刈って上下に丸くつなげます。

　刈り込み深さは、若い葉が1〜2cmおおうくらいに仕上げるのがベストです。これを毎年まったく同じ大きさに刈っていると、樹勢が落ちてしまいます。「玉作り」と言っても、本当の真ん丸にしてしまうと見た目に不安定です。それだけでなく、下半分の枝がみな日陰になって育ちません。半球

を伏せた形、またはもっと偏平に仕上げましょう。また刈り込み時期は一般に冬から春先ですが、花樹は花が終わってからになります。

　日常の手入れは、樹形から飛び出した枝を短めに切る程度。できればこれをこまめにして、刈り込みは浅くするほうが元気に育ちます。

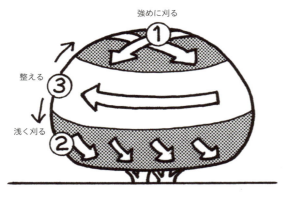
刈る順序

日常は飛び枝を切る程度

◯ 枝の点検

　長い間、同じ刈り込みを続けた樹木は、一度枝葉をかき分けて内部の枝を見てみましょう。たぶん逆さ枝が多くて、混み入っているのに気が付きます。下枝は内部を貫通して天面に出ています。これは木ハサミで付け根から切ります。もっとも、すでに樹冠表面に大きく葉を持っているようなら、その枝は切れません。この場合下枝を充実させるには、枝に石を吊るして下に向けるのも手です。

　下枝がなくなった樹木は、玉作りの形を維持できません。解決策のひとつは、刈り直して上方だけの樹冠で丸く整えることです。または、小さい玉作りの木を下のすき間に添え、何本かの群植とするのもしゃれています。いっそのこと他に移して、しばらく自然樹形で伸び伸びさせてみます。こうして少しずつ樹形を変えるのも、庭の楽しみでしょう。

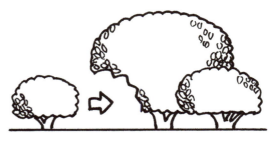
群植で埋める

COLUMN 4　ハチの巣退治

離れて吹く手製の殺虫スプレー

　庭の作業で気になるのがアシナガバチの巣。他のハチよりも簡単に刺すのが困ったところです。図は手製のスプレー延長棒です。ハエ・カ用の殺虫剤を使います。すでに同様のホルダーが付いた高枝ハサミも出回っています。

　飛行ルートは一定しているので、ハチを追っていけば巣が見つかります。そこが普段近寄らない所なら問題なし。むしろ害虫駆除をしてくれるアシナガバチです。でも通り道や庭作業の近くだったら、巣を退治しておきましょう。

　安全に退治するには2人作業。ひとりは後に控えます。前方の人はスプレーのノズルを押してから、巣に向けて吹き付けます。そうでないと吹き始めの空気でハチが逃げるからです。殺虫剤がかかったハチの半分は下に落ち、残りはフラフラしながら飛び去ります。もしフラフラのハチが向かってきても避けることはできます。ただ吹き付け作業に専念するため、後の人がホウキでハチをはらいます。あとは巣にまんべんなく吹き付けて終わりです。

　間違えてもスズメバチだけは危険なので攻撃しないこと。この場合は保健所で駆除の専門家を紹介してもらいましょう。

COLUMN 5　使いたい道具

> この章に登場した道具を詳しく解説します
> ◎……出番が多い基本の道具
> ○……あれば効率的な専用の道具
> △……応用の道具

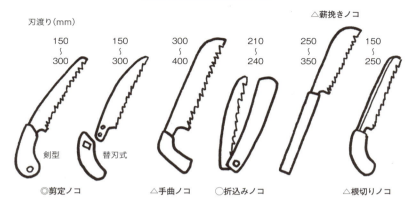

ノコギリ

刃渡り(mm)					
150〜300	150〜300	300〜400	210〜240	250〜350	150〜250
剣型	替刃式			△薪挽きノコ	
◎剪定ノコ		△手曲ノコ	○折込みノコ	△根切りノコ	

←剪定ノコなら剣型タイプが使いやすい。枝分かれの狭い間に差し込むことができる。刃渡り210mmはお勧め。高所作業や腰袋に入れるなら折込みノコ。根切りノコは厚手のノコ身。これは使い古しのノコでも代用できる。太い枝や幹を切るには手曲ノコ。薪（まき）挽きノコは両手で挽くタイプ。これは地上作業用。最近はあまり見かけなくなった。

剪定ハサミ

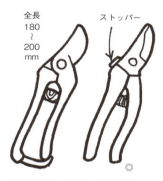

全長 180〜200mm　ストッパー
◎

↑三日月形の切り刃と受け刃をもつのが剪定ハサミ。よく切れるだけに、慎重さが必要なハサミだ。ストッパーが軸近くにあるタイプは操作がラク。お勧めは小ぶりの全長180mm。

木ハサミ

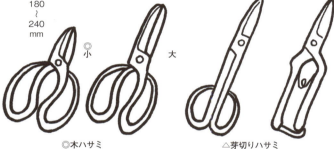

全長 180〜240mm　小　大　サツキハサミ　バネ式
◎木ハサミ　　　　△芽切りハサミ

↑通称、植木ハサミと呼んでいるのが、この木ハサミ。大きな全長のものは、葉の刈り込み用に刃が長くできている。基本的で用途が広いのは全長180mmくらいのサイズ。特に片手で枝を保持して切る場合は、短いほうが手の距離感がつかめ、ケガが少ない。1本用意するならこのタイプ、このサイズをお勧めする。脚長にできた芽切りハサミは、細部を狙って切るためのハサミ。サツキや鉢物が主な用途だ。バネ式のものもある。

切る道具選びのコツ

　ずらっと刃物が並びました。みな剪定作業に使う道具です。と言っても種類が多いだけで、必要な道具の数はこの半分以下です。ものが刃物だけに、安全な道具から買い始めることをお勧めします。結論から言えば、木ハサミ、ノコ、慣れてから剪定ハサミ。そして高枝ハサミといった順です。
　日常の手入れは標準的な木ハサミで。バネがなく、手応えがそのまま手の感覚として伝わるのが木ハサミです。枝先を切る作業に没頭してくると、ひとつひとつを狙って切るというよりも、手が反射的に動いてしまいます。「いつものハサミだから調子が出る」というのはこの状態です。

第4章 使いたい道具

ハサミの研ぎ方

切れ刃

研がない

↑ハサミはきれいに研ごうとするほど切れなくなる。いじってはいけない部分があるからだ。まず砥石は800〜1000番。切れ刃の角度を保って、内側へ研ぐ。刃が返ったら、もう一本を同様に研ぐ。これで完了。刃の長さ方向に研ぐと、枝が逃げて切れなくなる。また刃がすれ合う面を研いでしまうと、まったくかみ合わず致命的。研ぎ終わってゴリゴリ音がする刃は、細枝から切り始めればなじんでくる。

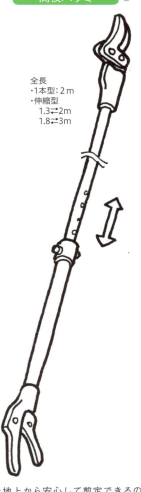

高枝ハサミ ◎

全長
・1本型：2m
・伸縮型
　1.3⇄2m
　1.8⇄3m

↑地上から安心して剪定できるのが魅力。ものによってはノコや殺虫剤のホルダーが付けられるものもある。より高くまで届く伸縮型と、軽量な1本型とがある。選択の境目は2mなので、樹木の高さを測ってから購入するのが確実だ。

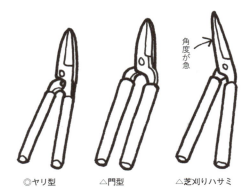

刈り込みハサミ

角度が急

◎ヤリ型　△門型　△芝刈りハサミ

↑生垣の刈り込みでおなじみの刈り込みハサミ。ヤリ型は枝葉ともに切れる丈夫なタイプ。門型は仕上げの葉刈り用。造りは繊細だ。つまり前者のほうが一般的で用途が広い。似た形をした芝刈りハサミは芝が専門。薄い刃と急角度の柄で見分けられる。

枝切りハサミ

倍力機構

△

↑これも両手で使うハサミ。刃は剪定ハサミと同じだが、両手操作だからさらに強力。倍力機構が付くものもある。

　小枝に手を添えて切るのは、ごく自然な作業。ここで左右の手の距離感が大切になってきます。ちゃんと手の位置を定めないとケガのもとです。充分に木ハサミに慣れてください。木ハサミで切れない太い枝は剪定ノコ。1〜2回挽いただけで切れるような細枝も剪定ノコです。そして剪定ハサミを使い始める時は慎重に。片手を遊ばせないよう、両手で握るくらいの心掛けで始めましょう。慣れたら、手の位置を決めます。くれぐれも反射的にチョキチョキ動かすのは禁物です。作業の広がりに応じて、刈り込みハサミや高枝ハサミなども用意していきましょう。

まるごとわかる！庭づくりDIYの基本　169

COLUMN 5　使いたい道具

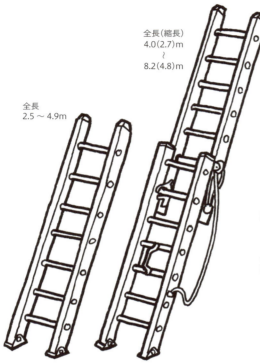

ハシゴ
- 全長（縮長）4.0（2.7）m 〜 8.2（4.8）m
- 全長 2.5〜4.9m
- ◎標準ハシゴ　○2連ハシゴ

三脚脚立 ◎
- 全長 1.5〜4.5m
- 控え棒

↑四つ脚で立つのが普通の脚立だが、剪定で使うにはこの三脚脚立が便利だ。取り回しやすいのは全長3.3mくらい。当然ながら脚立の頂上までは上れない。切る枝の高さと同じ全長を選べばちょうどよい。剪定作業は脚立をあちこちと移動させることが多く、サイズが合えば楽しくはかどる。製品のサイズも小刻みに揃っているので、よく吟味して選びたい。

↑高木に登るにはやはりハシゴ。伸縮自在の2連ハシゴなら、最長は2階建ての屋根よりも高くまで届く。もちろん収納にも便利だ。いちばんの強みは、混み合った枝のすき間からスルスルと伸ばして、より上方の横枝に掛けられることだ。木は生長するから、長さに余裕を見込んで選ぶのが無難。アルミ製だから長さの割には軽いが、7m以上はそれなりの重さがある。

ハシゴの収納
- 棚受け金物

↑雨を避けられる軒下がベスト。地震や強風に備えて固定は確実に。

高所用の道具

　高所作業には、やはりそれなりの対策が必要です。高い木を手入れするなら、このくらいの道具立てになります。ぜひ買い物の計画に入れてください。

　最初にほしいのはハシゴ。庭木の高さに合わせますが、これはなかなか測れません。目安として、建物の雨とい高さを測っておけば、いつでも庭木と見比べることができます。2階の雨とい高さは、ベランダの手摺りから上下にコンベックスを伸ばして測ります。また庭木ばかりでなく、建物の修理にも兼用できる長さがあれば、さらに出番が増えるでしょう。もし近所でハシゴを借りられれば、使い勝手がわかります。も

第 4 章 使いたい道具

安全帯

◎1本吊り型安全帯　△U字吊り型安全帯

↑高い枝を切る時など、高所作業には安全帯がほしい。U字吊り型は森林作業や電柱工事用。ロープで幹を抱き、コアラのようなスタイルで使う。つまり直幹樹木の横枝を払う場合に最適だ。1本吊り型ではそれができない。しかし自由な姿勢で枝下ろしする、庭での作業にはこちらのほうが便利。もちろん両方あれば完璧。

収納具

○腰袋　◎ノコケース　△電工バッグ

↑これも高所作業に便利な収納具。混んだ枝の間をくぐっての剪定作業なら、出っぱりの少ない専用ケースのほうが動きやすい。容量たっぷりの腰袋は地上用だ。一箇所に落ち着いて剪定するには電工バッグ。ロープで枝に掛け、下の幹に結んでおけば、木から下りた後でも回収できる。

ロープ

○3ツ打

◎金剛打

↑丈夫なのは3ツ打。しかしからまりやすいのが欠点だ。金剛打は束ねても素直にまとまり、結びやすいのでお勧め。購入の際は耐荷重（＝破断力）が大切。後者の場合、径9mmで400kg。これ以上の太さがほしい。長さは5、10、15mという具合に、いくつか持っていれば便利。

一輪車

平型　　深型

↑一般的なのは平型。積み荷の形を選ばず、また積むのも降ろすのもラクだ。深型は主に土やセメントを運ぶ用途。もしその用途に限れば、全幅は小さいので狭い通路でも使いやすい。一輪車を押す時は、両腕を下に真っすぐ伸ばすのがコツ。両肩で自然とバランスが取れる。

ちろんハシゴの長さを測ってから返し、買い物の参考にします。
「ハシゴを押さえていて」というのは、あまり当てになりません。倒れ始めたら、誰だって逃げるしかないからです。やはり自分でロープ止めなどの対策をするほうが確実です。安全の処置は確実に。面倒だ、大げさだなどと思わないこと。安全帯も装着してください。そうすれば余裕が生まれて楽しい作業になります。
　頻繁に使うものでないと、なかなか買う気がしないのも正直なところです。しかしあれば便利で安全、あるからこそ楽しみが広がるという道具は揃えましょう。いつでも使える状態にしておけば、やはり心強いものです。

建物にかかった枝を下ろす

応用例 1

庭木は元気だけど部屋が暗い。下植えの植物に日が当たらない。これでは植え替えてしまいたくなります。でもちょっと待って。樹木が繁茂しているのは、その場所が気に入ったからです。ここは枝下ろしでまとめてみましょう。

用意する道具
- ノコギリ
- 剪定ハサミ
- 物干し竿
- ハシゴ
- 安全帯

部屋が暗い
枝張りが大きい木

窓がふさがる
近すぎる木

屋根が傷む
高い木

🟢 建物に合った樹形

　建物の近くで大きくなった樹木は困りものです。軒下でヨコに場所を取っている木などは、部屋が暗くなる原因です。風で枝が外壁をこすっている場合もあります。これでは枝も壁も傷みます。また落葉樹が屋根にかぶっていると、いつかは雨といが詰まってしまいます。どれも剪定して整える必要があります。

　単にうっとうしい場合は、葉の具合にもよります。樹冠内部の葉は暗い色。それに対して、日差しを受けて明るく透ける葉なら、別荘にいるようなさわやかさです。樹冠の上部分を透かして日を当てれば、そんな気分も味わえます。

　整姿するとなると、庭の真ん中にある樹木と同じ樹形に整えたくなってしまいます。それではあまり解決になりません。樹形自体も工夫しましょう。この場合、樹木は建物と一体のものとしてとらえます。つまり建物側の面は、樹木の裏として整姿します。ちょうど映画のセットのように、裏側は葉も何もない状態で構いません。このくらい割り切って考えれば、樹形は類型と関係なく好みで作り出せます。ウチワ形、タテ割り半球形、えぐり形など。迷いながら形作るのは失敗のもとですが、形のイメージを固めてから整姿すればカッコよくなります。本人の意図が伝わる樹形なら、誰もが魅力を

感じてくれます。
　こうした変わった樹形にするもうひとつの理由は、あまり樹高を止めたくないからです。幹の途中を切ってしまうと、上に行く養分が余って、枝はヨコに張り出します。こうなると頻繁に剪定しなければなりません。もし常緑樹なら、建物側の枝をえぐって上に逃がしてやれます。そして落葉樹はウチワ形で平たく伸ばすという具合です。斜幹の樹木の場合は不思議と、建物から遠ざかるように傾きます。これは樹冠の建物側を詰めれば、すぐにまとまります。果樹の場合は、そのまま低く育てれば実も大きくなり、また収穫作業もラクになります。どれも場所は限られますが、なるべく伸び伸びさせましょう。

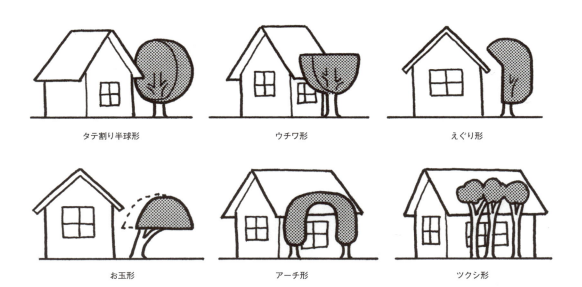

建物と組む樹形（名称、形状とも創作）

タテ割り半球形　　ウチワ形　　えぐり形
お玉形　　アーチ形　　ツクシ形

◯ 窓付近の枝下ろし

　窓辺にかかる枝で部屋が暗い場合。切る枝はいったん室内側から見て決めましょう。窓を開けて、切りたい枝を選びます。枝振りは無視して、まずは葉のボリュームが多い枝です。棒の先にチョークを取り付けて、枝の付け根に印をします（次ページの図）。
　次に、外へ出て庭側からもチョークを付けます。ここからなら、樹木全体がよくわかります。庭側に大きく張り出した枝は切ることになります。あるいは樹冠の上方を透かすだけですむかもしれません。気を付けたいのは、樹冠にすっぽり穴があいたり、枝が偏ることです。その場合は親枝を残して、小枝を払う考え方でチョークを付けます。ひととおり印ができたら、樹木の両側から付けたチョークを見比べます。一致していれば、その通りに切れます。

切る枝選び

室内側から印付け　　　庭からも印

下枝に日を当てる

窓の見通しをよくする

　実際にはほとんどがズレています。庭からの見映えは、室内での都合通りにはなりません。折り合いが付かなければ、ある程度は樹形を優先することになります。チョークの印を目安に枝を揺らし、葉のボリュームを把握しながら、切る枝を大づかみに選び直します。基本は枝の付け根を切る「透かし剪定」です。これを刈り込んでしまうと、後で生垣のように枝葉が密生してしまいます。

　切る順序は、樹形が大きく変わる太い枝から。最初は木の高さと樹形を左右する、上方の枝を透かします。次に窓ないし建物に向かう枝です。これは室内から付けた印を優先して切ります。そして手前（庭）側の枝を切ります。ここは窓の透け具合を確かめながら。場合によっては、ふところ枝も必要かもしれません。そして最後に全体の透け具合を見て、混んだ枝を切って整えます。

○ 高すぎる樹木の場合

　大木になってしまった樹木は、幹の途中を切って詰めます。下枝が高い位置にあってその下がないものは、バランスを取って寸胴仕立てか、または玉散らし仕立て。しかし「仕立て」とは言っても、最初の数年は養蚕のクワの木にも似たコブ状になります。枝が密生して出るので、毎年こまめに間引きが必要です。5年ほどは不格好ですが仕方ありません。早くから詰めておくべきだったと思うかもしれません。この後は気長に仕立てましょう。

　もともとの木が地面近くから広がる卵形の樹形であれば、切り戻しても数年で形がまとまります。最終的に収めたい樹高を決めて、その8割ほどの高さで切ります。毎年整姿をしていけば、頂上も枝葉で丸く整います。樹冠をなるべく庭側に寄せるように剪定するのが、建物際にある樹木の整姿です。樹形は好みですが、先ほど見たタテ割り半球形のようにしていけば元気に育ちます。

　高さを止めた樹木は盛んにヨコへ枝を張るので、手を緩めずに透かし剪定で整姿します。なおあまり高い樹木の場合は危険な作業なのでプロに依頼します。

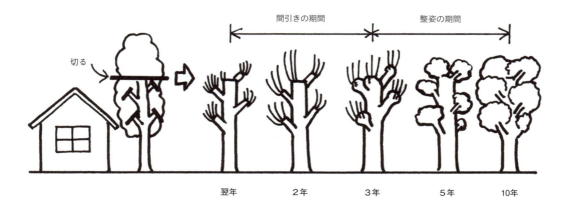

◯ 根切り

　こうしてヨコに枝を張るようになった樹木は、樹勢があって剪定が利きます。しかし切っても切っても枝が出るのをいいことに、ガンガン切っていると木が弱ってきます。葉が根の吸収力に追いつかないからです。この場合は根を切りましょう。一種の去勢です。枝も根も切って、大きくさせずに育てるという点では、盆栽に似ています。根回しのように根鉢の径を小さくする必要はなく、本数で２割ほどを減らします。残った根はむしろ広がっていたほうが、大風で倒れる心配がありません。建物に近いだけに、丈夫に育ってくれないと困ります。

　根元を掘って、どの根を切るか選びます。いちばん太い力根は残したほうが無難。中くらいの太さが適当です。その他の候補としては、建物や塀の基礎に当たった根。また将来に別の木を植える場所があれば、そこにかかる根は切っておきます。できれば樹勢を見ながら、数回に分けて行うのが無難です。いつでも切れるのが、自分で剪定している強みです。木に聞きながら、ゆっくり付き合っていきましょう。

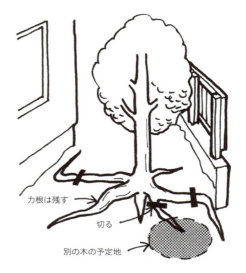

応用例 2 生垣を作る

生垣とは樹木を植えて作る垣根。ブロック塀やフェンスとは別の味わいと楽しさがあります。それなりに手入れも大変。それを手間と思うか、楽しみと感じるかです。楽しめる方にはお勧め。そんな生垣の作り方を見てみましょう。

用意する道具
- スコップ
- 唐クワ
- 木ハサミ
- カナヅチ
- ドライバドリル
- ノコギリ

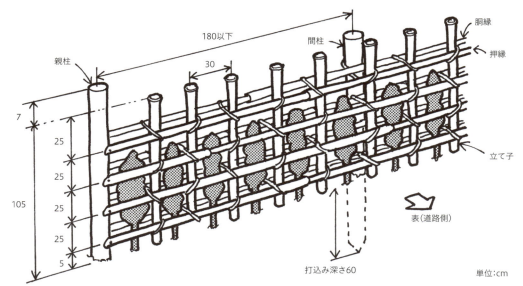

生垣のよさ

　ブロック塀に比べると、生垣は人止め柵としての機能が不完全です。むしろやんわりと止めているのが生垣の魅力です。訪問者に優しく、木が低ければ生垣越しの会話も途切れません。ここに植える木は、できればトゲが痛いカラタチではなく、硬いツゲでもなく、アカメモチなどがお勧めです。きっと葉の表情や季節感が楽しめます。もっともこれらは気候や好みによります。
　庭に入りきらない樹木も、生垣なら場所を取らずに楽しめます。例えばツバキなどの花樹を植えれば、庭木の風情も出ます。また草花を植えた向こうには樹木がほしくなります。よくフェンスの内側に列植した樹木を見かけますが、生垣ならさらに外側に植えられるのもメリット。生垣は庭を広く楽しむ方法です。

◯ 生垣を作る

　生垣として仕立てるには、年数が同じ樹木を植えたほうが手入れがラク。普通は苗木ないし幼木から始めます。垣根の格子は、幼木を支える支柱と、人止め柵の役割をします。その垣根から作っていきましょう。

　まず垣根がないうちに、植える場所を耕して埋め戻します。そして柱の場所を掘ります。柱は杉丸太。表面は防虫防腐剤を塗るか、軽くバーナーで焦がしておきます。先に両端の親柱を立て、根元を突き固めます。間柱は列から外に出た位置になります。これらの柱にクギで胴縁（横棒）を打ち付けます。この胴縁には竹が適しますが、長持ちの点ではプラスチック製もお勧めです。どちらも割れやすいので、必ず下穴をあけます。木ネジの場合は締め過ぎないように。

　ここであらためて30cm間隔の植え穴を掘ります。そして先ほど取り付けた胴縁に幼木を当てながら植えます。次に押し縁を打ち付け、シュロ縄で立て子と押し縁を結びます。竹の立て子は雨水が溜まらないよう、節止めに切って作ります。太さは木が生長した時の幹と同じくらい。樹種によっては太めを選びます。シュロ縄の色は好みですが、生垣の場合は茶色が似合います。結び目は場所ごとに規則的に綾掛けの向きを変えるか、または交差させて固結びにします。シュロ縄には充分に水を含ませて滑りをよくし、ポタポタ垂れるうちに結びます。すべて結んだら、木に水を与えてできあがりです。

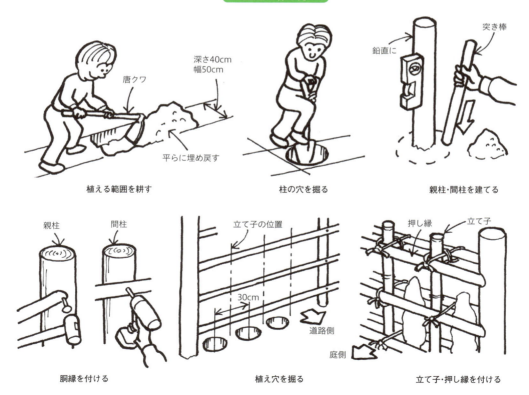

生垣の作り方

◯ 育て方

　木が生長して幹が強くなったら、そして葉が密生したら垣根は外しても構いません。しかし生長しても支えが必要だったり、防犯の面で柵があったほうがいい場合もあります。この辺りは状況によることでしょう。

　スギ、サワラなどの直幹の樹種は、幹を切らずに高く育てたくなります。すると枝は自然に枯れ上がり、裾がすき間になっていきます。この場合太い幹であれば、それに横棒を直に結び付けて人止め柵にします。

　生垣では狭い場所に、根が競い合って生育しています。もし一本が枯れて穴があいても、その跡に同じ樹種を植えるとなかなか育ちません。両脇の木は充分に根を切っておきましょう。また客土もよい方法です。確実なのは他の樹種を植えて「混ぜ垣」にすることです。これでたいがいは活着します。

◯ 変わった生垣

　やや凝るなら、段を設けた高植えも見映えがします。段は石垣やレンガなどで作ります。きっちり刈り込むのも、ふんわり自然に仕上げるのも好みしだいです。石垣が付いているので竹の垣根は設けず、最初から1m程度の木を植えます。これは生垣でありながら、庭木の雰囲気が生まれます。

　さらに土留めを2段にして下段に草花を添えれば、庭の植栽と連続するスケール感が出ます。季節の花を植えても、こぼれ種で毎年咲くようにしてもよく、また小さく「玉作り仕立て」にした樹木を列植してもしゃれています。

生垣のいろいろ

石垣との組み合せ

2段植え

人止め柵を添えた生垣

ADVICE 化粧結びと四つ目垣

　シュロ縄を使った、伝統的な結び方として「化粧結び（垣根結び）」があります。これは生垣用と言うよりは四つ目垣用。木は植えずに、竹の質感を楽しむ垣根です。黒いシュロ縄を使う、ちょっとよそいきな垣根とその結び方です。伝統や形式はとにかく、実用としてもよく締まって緩まないので紹介します。

　結び方は図の通りです。綾掛けしてから曲げ輪を作り、縄を2本に揃えて引きます。輪をよく押さえて、形を整えながら結ぶのがコツです。縄は最後に切ります。結びやすいようになどと、あらかじめ縄を切るとそのたびにムダが出ます。巻き玉側の縄は、竹にひと回りするだけ。巻き玉は地面に置いたままでOKです。縄の太さが足りない場合は2巻並べておき、平行に2本取りすれば便利です。使う量が多いので、巻ごとバケツの水に浸してから使います。

　これは四つ目垣の結び方ですが、生垣でも苗木が小さいうちは垣根を見せることになるので、これをアクセントに使えば引き締まります。

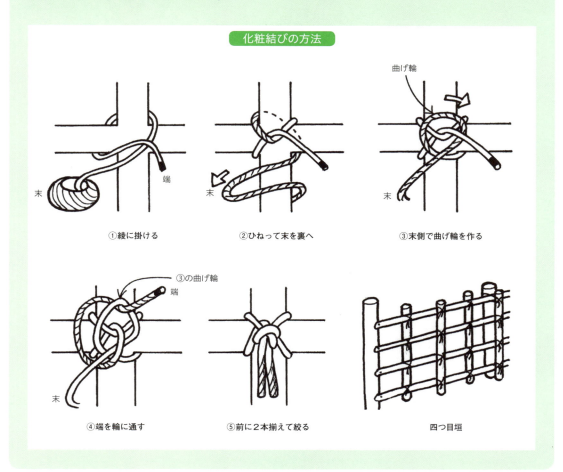

化粧結びの方法

①綾に掛ける　②ひねって末を裏へ　③末側で曲げ輪を作る
④端を輪に通す　⑤前に2本揃えて絞る　四つ目垣

応用例 3　種から育てる

用意する道具
- 移植ゴテ
- スコップ

樹木は苗木を植えるのが普通。もっと楽しめるのは種から育てることです。小さくても、それぞれが個性を見せてくれます。それじゃ待ち切れない。そう言わず、森の中の自然を思えば、5年や10年なんてわずかな時間です。

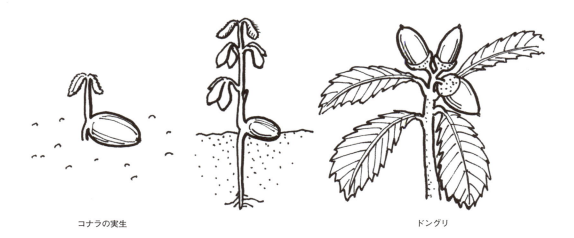

コナラの実生　　　　ドングリ

○ 実生の楽しみ

　挿し木に対して、種から芽を出して育った木を「実生（みしょう）」といいます。庭に見慣れない木が生えてくるのはこれ。種は風や鳥に運ばれて来ます。埋めた生ゴミからも出てきます。本葉が付いたばかりでは、なかなか樹種を見分けられません。それを調べたり、元の木を探したりする楽しみもあります。
　実生は自然のままに生えるので丈夫です。すでに発芽の時点で生存競争にさらされています。日の当たる場所に根を下ろしたものは、結構均整がとれた格好になります。ただそうばかりでもないのが、おもしろいところです。

○ コナラの種を蒔く

　ドングリを蒔いてみましょう。代表的なのはコナラです。森に落ちている茶色い種は、半分以上は虫に食われています。机に置くとドングリが踊りだすのはこのためです。秋に大風が吹いた後、森で

緑色のものを拾います。なお自治体の条例により、樹木は採取できません。また掘り取っても活着は困難です。

　ドングリはバラ蒔くだけ。土をかけるなら種の半分までです。庭のどこが気に入るかわからないので、条件を変えて蒔きます。日なた・日陰、高温・低温の場所、湿気の多少、風の当たり具合などに分けて、5個ずつにします。

　翌年春、3割くらいが発芽します。根は真下に伸びる、ゴボウのような直根です。これが森の中なら、堆積した落ち葉をかき分けて地盤に届きます。そうでないと斜面に落ちた種は生長できません。

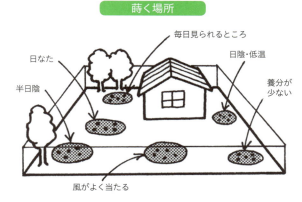

いろんな条件のところへ

◯ 樹形を占う

　コナラ幼木は3年ほど経つと、置かれた環境によってさまざまな格好になります。日照時間が多い場所の木は直幹に（次ページの図）。庭木としては理想的な形です。

　建物や樹木の陰では、日陰から逃れようと日なたへ顔を向けます。森の中ではむしろこの斜幹が普通です。森はすでに高木の枝葉が天井を作っています。そのわずかな切れ間を目指して生長します。また雑木を取り入れた庭では、斜幹の風情も大切にします。雑木らしさが出るからです。しかし垂れ下がるようでは剪定したくなります。それをくり返すと幹はジグザグになってしまいます。

　幹の頂上に虫害を受けたものは二股に伸びます。葉が落ちた時期に、気づかず踏んだ場合も同じです。針葉樹と違って、広葉樹はもともと枝分かれして広がる性質を持っています。むしろ枝分かれしたほうが、コナラらしい個性的な樹形に育ちます。また隣接した木は互いに避けながら、軽く湾曲して伸びます。将来は株立ち状に育つか、枝葉の混み合いで片方に絞られるかは、成り行きしだいです。もしかしたら風でこすられ合って、幹がつながるかもしれません。

　樹高1mくらいまでは、場所を移せば樹形も変わります。ただ曲がるクセ自体は変わらないので、それを見つけて育てるのが楽しみです。

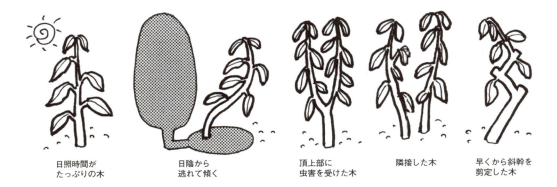

日照時間が
たっぷりの木

日陰から
逃れて傾く

頂上部に
虫害を受けた木

隣接した木

早くから斜幹を
剪定した木

○ 植え替える

　コナラの場合、樹高1mまでに定植する場所を決めておけば、植え替えがラクです。2mになると樹形は安定するものの、かなりの深根になってしまいます。地面をはうような斜幹の木は日なたに移しましょう。気に入った樹形の木は、動かさずにおきたいところ。日陰であっても、樹形がよく、虫害のない木はその場所のままに。コナラは陽樹ですが、耐陰性はあります。

　30cm以下の苗木には、根鉢と言える塊がありません。あるのは1本のゴボウ根と、わずかな細根だけ。これは深く大きく掘ります。根は樹高と同じだけの深さです。最後にヨコから根の先端にスコップを入れてすくい出します。ただ萌芽時期なら、細根がとれてしまっても活着することがあります。

　70cmくらいの幼木は、いったん根回ししておきます。数本の力根は小さくヨコに広がってから、すぐに下へ深く伸びる形。横穴を掘って深さ30cm辺りの根を探り、見つかった力根の半数ほどを切ります。こうしておけば、植え替えの際に「根こぎ」状態になるのを防げます。大きくなってからでは大変なので、差し当たって予定がなくても、根回しはしておきましょう。

コナラの植え替え

深さを間違えやすい

苗木は深く掘る

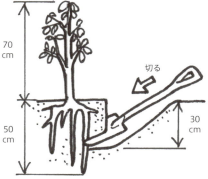

70cmになったら根回し

当然ながら自然界には植え替えはありません。それに似た現象が、台風による倒木です。天井が開け、遅れて育つ樹木にとっては別天地になります。

🟢 雑木林の味わい

コナラは列植、つまり「木立」が似合います。3本もまとまれば雑木林の風情です。コナラの魅力は萌芽の時期。白っぽい霞のような芽が吹きます。そしてゴツゴツした幹と、やや斜幹の感じが個性的です。しかし庭の中には他の樹木もあるので、あまり斜幹の向きを強調しないほうがよいでしょう。

落葉の季節は葉が黄色に染まります。葉が落ちれば地面に日が差し、部屋も明るくなります。それでも建物のすぐ近くは避けておかないと、雨といが詰まります。地面には枯れ葉が積もりますが、そのまま敷いておいていいのは森の中でのこと。庭の枯れ葉は虫害のもとになります。虫が越冬して翌春に被害が出ます。溜まったら穴を掘って埋めるのがいちばんです。庭で育てるのですから、森とまったく同じにはいきません。違う環境でありながら、それを想像して楽しむのが雑木の庭です。

季節が移り、庭のコナラが新緑を迎えたら、拾ったドングリの森も若葉に包まれている頃。しだいに想像は庭を越えて広がっていきます。

庭の雑木が森を感じさせる

🟢 剪定する

コナラは伸び伸びした自然樹形が基本です。葉が茂る季節はともかく、冬の枝先は交差しながらも、細くきゃしゃな感じに伸びていないとコナラらしくありません。枝の途中から切り詰めると、空にその太い棒先が飛び出してしまいます。これは極力避け、なるべく大きな枝を下ろします。大きさを詰める場合は、代わりのわき枝を立て、主幹に近い太い枝で切ります。

枝や幹の更新が利くのもコナラの性質です。太い幹を切っても枯れません。大きくなり過ぎたら、頂上を止めるよりも、幹の根元や下の方の分岐で切ります。その点では、枝分かれが下のほうにある木はよくまとまります。また木立であれば、幹を交代しつつ更新できます。そもそも雑木は、切り株になるまで切って、樹木の若返りを図るものだからです。こうして種から付き合っていれば、樹木の個性がよくわかります。植え方も剪定の仕方も、個性の通りにしたくなるでしょう。これが実生を育てる楽しさです。

応用例 4 切り倒す

用意する道具
- ロープ
- ハシゴ
- ノコギリ
- 安全帯

「切り倒す」とは物騒な言葉。でも「伐採」では、もっと何本も切るようで気が引けます。いずれも幹の根元で切ることです。樹木を育てていれば、いつかは切る場面があります。安全に行うにはどうしたらよいでしょう。

広い場所を確保して

○ 切る目的

　木を切るのは辛いことです。でも多くは更新するための処置。そのひとつは、樹勢が落ちた木を切り株にして幹を更新する場合です。切り株から若い幹を出させれば、苗木よりも早く育ちます。それでも5年間くらいは、物足りない風景になります。それが待てなければ、根も掘り起こして別の樹木に更新します。また枯れた木が崩れ落ちそうな場合も同じです。残った根をそのままにすると、腐って虫のすみかになるので、これは取り出す必要があります。

　さらに庭の用途が変わって、どうしても樹木が障害になる場合。これは庭を楽しむためには仕方ないでしょう。木を切り倒すことができれば、持て余すことなくさまざまな樹木を楽しめ、庭を充分に活用できるようになります。

　最近ではチェーンソーが普及していますが、ここでは安全面から見て、手ノコで切ります。チェー

ンソーに慣れた方は使って結構ですが、借りて使うのはお勧めできません。持ち主ごと借りて、切ってもらってください。

◯ 倒す向き

　庭のスペースで安全に切り倒せるか点検してみましょう。まず空いている平らな場所を探します。地上にあるものを傷めないこととともに、逃げる時につまづかないための用心です。立っている木は、倒してみると意外に長いものです。また予定の向きに倒れるとは限りません。余地は充分に確保しておきます。ブロック塀に向けて倒すと、塀も倒れる場合があります。さらに電線のない向きを選びます。そこにかかる大切な植物や工作物などは移したほうが無難です。

　幹の傾斜にも注意。鉛直よりも2°以上傾いていたら、その向きを選びます。それ以外へ引いても向きは定まらず、幹が回転するなどして危険です。

　用意としては、倒す向きに引くロープの他に、支えてゆっくり倒すためのロープが必要です。図のように、支えロープは近くの樹木に巻き、適当な位置に木がなければ2箇所に分けます。それもない場合は危険なので、この方法は断念。車庫の柱やベランダの手摺りは、やや強度不足です。

　樹高2.5m以下の樹木なら、これほど厳重な備えは要りません。ロープは木に巻かず、直に人が持っていても大丈夫です。それでもロープは使ってください。思いがけない向きに倒れることがあるからです。

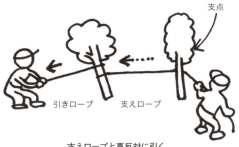

ロープの配置

支えロープと真反対に引く

よい位置に支点がない場合

◯ 切る

　3〜5mほどの樹木を切ります。まずは木に登って、樹高の2/3辺りの幹にロープを結び付けます。枝張りが大きい木は、樹冠の下半分を枝下ろしします（次ページの図）。枝がからまないように下の枝から順に切り払いますが、上方の枝は残して、着地のショックを防ぎます。

　枝が落とせたら、幹の根元にノコを入れます。ノコは両手で引けるものを。長時間作業なので、座ってノコ操作することになります。その場合、切る位置は地上25cmくらいです。まず倒す側からノコを入れて、幹の太さの1/4くらいまで切ります。次は反対側から、それまでより3cm上を切ります。

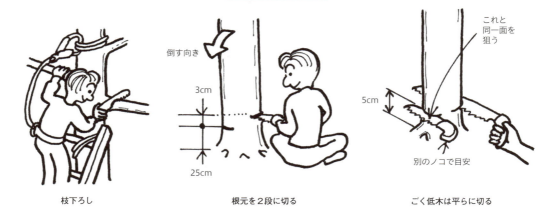

枝下ろし　　　　　　　　　根元を2段に切る　　　　　　ごく低木は平らに切る

これを下側にすると、倒れる時に幹がはねるので危険です。また樹高が高いほど、この段差を大きくとります。1/3辺りからは時々幹を揺すって用心します。

ここで、ロープを持つ人は配置につきます。支えロープは立木に3/4周ほど回して準備。引きロープを持つ人は、逃げ場を確かめてから合図を待ちます。合図はノコを持つ人が送ります。当人がいちばん逃げにくいからです。樹木が揺れ始めたら、ノコを抜いて「ハイ引いて」の合図。引きロープで木が倒れ始めたら、支えロープを少しずつ緩めます。しかしゆっくり倒れるとは限らないので、いつでも逃げられる態勢で操作します。木が地面に着いたらロープを外します。

◯ 倒す場所がない時

庭が樹木や草花、工作物などで埋まっていると、倒す場所が取れません。また先ほどの例で「支えロープ」が巻けずに断念することもあります。この場合には図のように、上から順に短く数回に切っていきます。切った幹は倒さず、ロープで吊るして下ろします。例えるなら、幹のバンジージャンプです。これは危険な作業なので、何が起きるか理解してから作業してください。

作業できる樹高は5m以下。まず登れる範囲で、幹のできるだけ高い位置に「引きロープ」を結んで垂らします。切る位置はそこから1〜1.5m下です。あらかじめ別のロープで、この切り口の上と下とを連結させておきます。これが支えロープに相当します。幹に段差を設けて切るのは先ほどと同じ。違うのは、さらに逃げにくい状況にいることです。切り加減は慎重に。

幹がグラついてきたら地上に降りて、引きロープで幹を倒す、と言うよりは折ります。折れなければ、もう一度登って切り足します。切り過ぎは危険なので、切り足して加減する慎重さが大切です。切り離した幹は、支えロープで宙吊りになります。振り子になった幹はかなり暴れます。樹上にいるうちは、けっしてロープを引かないように。静まったらもう一度木に登って、この吊りロープを緩めます。地上では、下りてくる幹を誘導して、空いた場所へ着地させます。

これを順次くり返せば、狭い場所でも高い木を切ることができます。応用としては、池や植栽の上にかかる斜幹の樹木にも使える方法です。

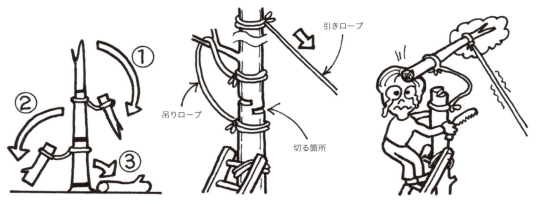

倒さずに切る方法

考え方　　　　　ロープの掛け方　　　居るうちに引っぱらない

🟢 根を掘り上げる

　切り株を取り除く場合は、なるべく大きく掘り上げます。まず幹からたどって、太い根を掘ります。植え替えと違って、根鉢の土はすべてかき落とします。そうでないと根が見えません。ヨコに張った根は径20mm以下になるまで掘って、エンピで突き切ります。ここは他の樹木の根も入り込むところ。間違えないよう、根の色や切り口の匂いなどの特徴をとらえておきましょう。

　深い根は地下70cmまで掘り下げます。それより深い根はノコやエンピで切断。エンピは土に隠れた根を切るには便利ですが、数人で作業する場合はやや危険です。声を掛けて周りの人を離してから使ってください。おおよその根が切れたらテコで株を揺らしてみて、その動きで残った根のつながりを突き止めます。大きい株はさらにノコで根を分割し、小さくしてから取り出します。

　最後に埋め戻し。ここにもし同じ樹種を植える時は客土するか、腐葉土を大量に混ぜて連作障害を防ぎます。

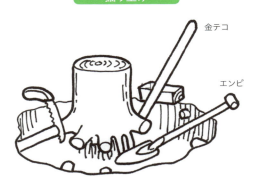

掘り上げ

小さく切り詰めて取り出す

応用例 5 切った枝を整理する

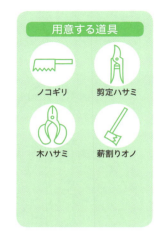

用意する道具
- ノコギリ
- 剪定ハサミ
- 木ハサミ
- 薪割りオノ

剪定作業の後には、切った枝がいっぱい。切り倒した時は、太い幹までも出てきます。そのままでは庭がふさがってしまいます。整理の仕方を見てみましょう。ついでにこの天然の材料、ちょっと使い道も工夫してみます。

第4章 樹木を育てる

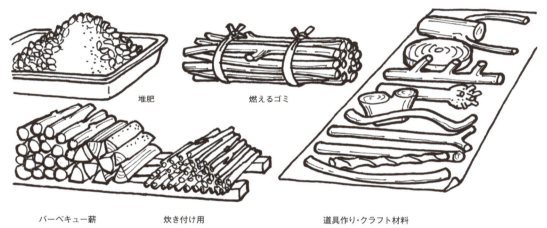

堆肥 / 燃えるゴミ / バーベキュー薪 / 炊き付け用 / 道具作り・クラフト材料

○ 整理の目的

　切った枝は早く片付けたいゴミですが、見方を変えれば、こんな時でないと手に入らない天然材料でもあります。庭木用や土工の道具になる材料も見つかります。例えば杭や支柱、突き棒、特に二股の枝はこれがチャンス。ちょうどよく湾曲した棒はクラフト材料になります。この際に有用な枝を選びましょう。

　バーベキュー台を作った方は、これで薪（まき）も用意できます。同じ大きさに切り揃えれば保管もラクです。逆に枝を廃棄する場合は、自治体が指定するサイズにしなければなりません。コンパクトに収めることが大切です。

　根本的には掃除のための整理です。剪定作業は足元が狭くなりがちなので、枝を片付けて作業しやすくし、ケガを防ぎます。また高い木に登る剪定作業では、時々掃除を兼ねて、軽い作業で緊張をほぐすのもよい方法です。その日のうちに枝整理ができるくらいのペースでやれば、枝も軟らかくて無理がありません。

◯ 枝の整理

　まずは有用な枝をより分けて、用途に応じた寸法に切っておきます。整理した後では、二股の枝などはなくなってしまうからです。

　整理は大きな枝から始めます。まず枝の元（根元や付け根側）を持ち、剪定ハサミで小枝を切り落として枝先へ進みます。枝分かれ部分は真っすぐなほうを選べば、後で束ねるのにラクです。1本棒になったら次の枝に取り掛かります。

　剪定ハサミの操作は慎重に。右手に持った場合、枝を支える左手は右手よりも前に出さないこと。また枝は指でつままず、指を隠すように握る習慣を付けましょう。細い枝は早めに木ハサミに持ち替えて切ります。割り箸ほどの太さは焚き付け用、葉は堆肥用です。葉は軍手をした手で、逆さにそぎ落とします。散らばるので容器の上で。箕、トロ舟、養生シートなどを工夫しましょう。

　1本棒が溜まったらノコで切り揃えます。バーベキューに使う薪は炉に入る25〜35cm。清掃局に出すなら70cm。これは自治体によって違います。

　枝を運ぶには、図のような薪巻きが便利です。また散らばった小枝や葉を掃くには、ホウキよりも1本棒が具合よいので、試してみてください。

枝の整理作業

枝払い — 枝先へ進む

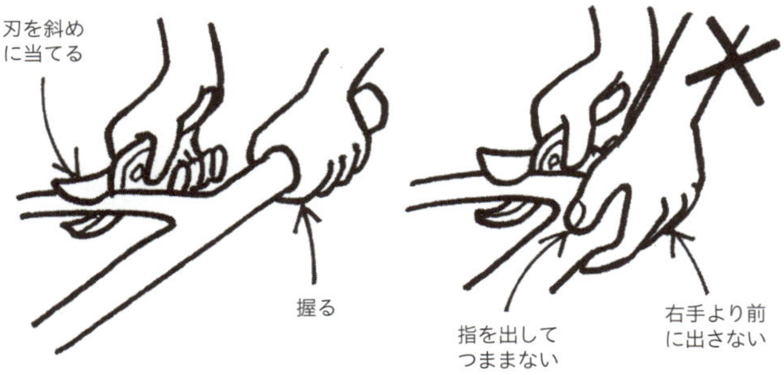

剪定ハサミの使い方 — 刃を斜めに当てる／握る／指を出してつままない／右手より前に出さない

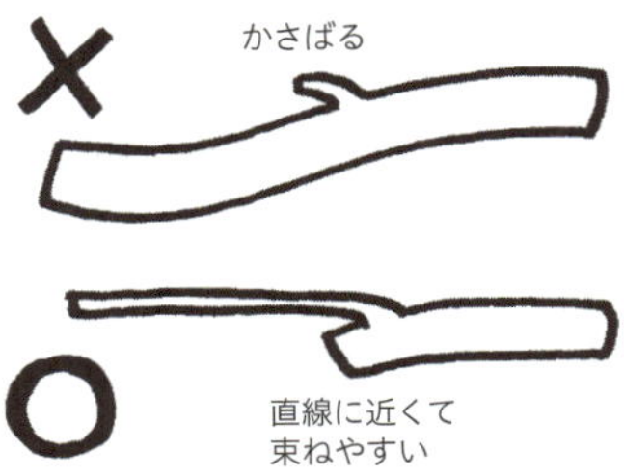

切り揃え方 — かさばる／直線に近くて束ねやすい

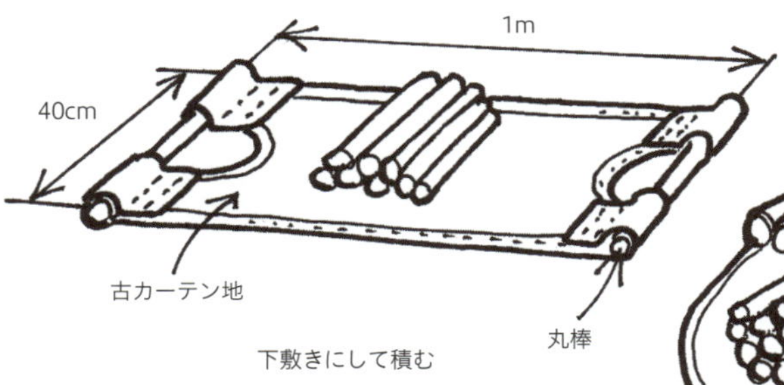

薪巻き（自作） — 1m／40cm／古カーテン地／丸棒／下敷きにして積む

持ち運びに

◯ 薪割り

　バーベキュー用に薪割りをしてみましょう。太い枝や幹はオノで割ります。乾燥が早く、火持ちのよい太さが理想です。目安は径7cmの丸穴を通るくらい。樹皮を利用する場合はむきますが、薪なら付いたままでOKです。

　地面には太い幹の輪切りを埋めて台にします。台は低めに。そうでないとオノがそれた時に足元に落ちるので危険です。オノは薪割り用の、両手で持つタイプ。刃は厚手のものが最適です。切り口が大きく広がり、ラクに割れます。

　薪は元を上にして立てます。逆では裂け目が曲がってしまいます。オノの持ち方は竹刀と同じ。右利きの場合は右手右足が前に出ます。そして薪の中心にオノを振り下ろします。当たる直前に、柄をわずか手前に引けば加速が効いて効果的です。1回で割れない場合は、図のように向きを変えて試します。薪が食いついて離れない場合は、そのまま振り上げても打てますが、打撃力は劣ります。

　できた薪は台に載せて乾燥。いずれは虫が入るので、建物とは離しておきます。樹木を育てているうち、作業は自家製の薪作りにまでいってしまいました。このように樹木と、とことん付き合う楽しみ方もあります。

薪割り

第5章
庭の工作物を作る

CONTENTS

基本作業 1	木材の加工	194
基本作業 2	鋼材の接合	198
基本作業 3	アーク溶接	200
COLUMN 6	使いたい道具	205
応用例 1	ベンチとテーブルを作る	206
応用例 2	ウッドフェンスを作る	210
応用例 3	パーゴラを作る	214
応用例 4	石焼いも用の釜を作る	218
応用例 5	アーチを作る	220
応用例 6	収納ラックを作る	224

第5章

庭の工作物を作る

庭にほしいベンチやテーブル、そしてアーチなど。どれも木材や金属で作れます。
ただ、部屋に置く作品とは違って、庭に映えて長持ちするようにしたいですね。
庭で過ごすのが楽しくなるもの、庭にぴったり合う作品を作りましょう。

○ 庭の調和

　工作物は庭のアクセントや装飾だけが目的ではありません。まずは庭の機能を優先させましょう。庭で過ごす時間を楽しくすることが目的です。通路をわかりやすく整理し、庭を立体的に使い、そのうえで便利なものを考えます。いくら作るのがおもしろくても、先に作って後でそれを置く場所を探すというのでは、庭が雑然としてしまいます。またどこに置いてもそこそこに使えるものであれば、わざわざ作らなくても市販されています。やはり普段の庭の使い方、過ごし方から発想してできる作品が最高です。庭を眺めて「ここにほしい」と感じる場所に、ぴったり合わせた作品を作りましょう。知り尽くした自分の庭だからこそ、自分で作れば思い通りのものができます。

　できたてはやはり新鮮できれいです。カラフルな庭も楽しいものです。でも遊園地ではありません。むしろやや時間が経ったほうが、庭としての落ち着きが出てきます。木材のツヤが消え、植物が自然と寄り添うような状態です。このたたずまいを目指しましょう。サビもヒビ割れも風情のうちです。その状態で長持ちできる作品こそが、庭の工作物です。

植物が繁茂してなじむ

場所を決めてから作ろう

◯ 丈夫な工作物

　庭に出るのは晴れている日だけ。作品を作る場面であっても、あまり雨のことは考えずにすましがちです。しかし当然ながら雨、強風、雪、凍結、どれも庭にやってきます。風でも倒れず、飛ばされず、雪の重さにも耐えることは必要な条件です。そして雨の翌日でも、さっと水が引くことが大切です。この他、日光の紫外線や雨、湿気は日常のこととして、それに耐える丈夫な造りを考えましょう。詳しくは作業の中で見ていきます。なお工作物の配置については、水道メーターや下水の点検口をふさがないように気を付けましょう。

水が留まる　　　　　　　雪は重い　　　　　　　点検口はよける

◯ 建築基準法にも注意

　作品の規模が大きい場合は「建築物」と見なされる場合があります。建築基準法によれば、建築物とは「屋根と柱または壁をもつもの」そして「土地に定着する工作物」です。車庫、物置がこれに当てはまります。屋根は雨を防ぐものなので、防げないパーゴラ（藤棚）は除外されます。スノコ状や網目状にすき間があるものも同じです。犬小屋も除外。東屋は壁がなくても、屋根と柱をもつので建築物です。もっともパラソルを立てた、一時的な固定であれば別です。

　もし計画が建築物に当てはまったら、各自治体の建築課に「確認申請」をする必要があります。市販の物置を買ってもこの申請をするくらい、簡単な手続きです。ただし、都市部に多い「準防火地域」に指定されている場所では、木製そのままの物置などは許可されません。正確に言えば、隣地や母屋から３ｍずつ離すという、ほぼ不可能な条件が付きます。その場合は、外壁にトタンを張った防火仕様にすればＯＫです。細部は建築課に相談するとよいでしょう。該当する機会はあまりないでしょうが、知識として覚えていてください。

基本作業 1 木材の加工

木材は最も身近な材料。工作は簡単です。大切なのは強度の確保だけでなく、雨ざらしに耐えられること。それさえ解決すれば、木材の落ち着きと温か味が庭を快適にします。ここでは木材加工のうち、庭特有の使い方を見ましょう。

第5章 庭の工作物を作る

◯ 庭に使う木材

　屋外に置いた木材は雨、日光、コケなどの攻撃にさらされます。杭の地下部は虫や腐朽菌に侵され、年に約1cmも径が細るほどです。また地面からは湿気が上がり、木材は木口から傷みます。柱を束石に載せるのは、この対策です。

　長いスパンに掛け渡すには太い断面の木材が必要。これにはウッドデッキでおなじみの２×４（ツーバイフォー）材が最適です。規格サイズなので庭に作品が増えても統一感が保てます。専用の補強金物も種類豊富です。２×４材の断面寸法は38×89mm。幅広材は２×８（38×178mm）まであります。樹種は、白い木肌のＳＰＦ（輸入スプルス・パイン系）と茶色いレッドシダー（輸入スギ）の２種類。店頭では前者が主流ですが、雨ざらしで使うには後者です。反りなどの狂いが少なく、腐朽にも耐えます。

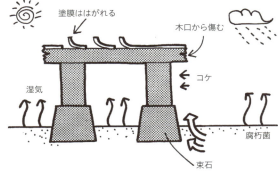

木材が傷む原因

◯ ２×４材の接合

　ここで２×４材の使い方を見ます。まず板は、幅方向をタテに使うのが原則です。これで大きな荷重を受けてもタワミが小さくなります。そして加工精度が必要な「ホゾ接ぎ手」は避けて、平面同志

第5章 木材の加工

で接合します。これには手軽に締まるコーススレッド（専用木ネジ）または専用の「太めクギ」を使います。これらの組み合わせにすれば手早い作業が可能です。

ちなみに「2×4工法」とは図のように、パネルを単位に組み上げる方法です。応力は合板の広い平面で受け止めます。ただこれは合板がサイディング（外壁板材）でカバーされるのを前提にした、室内用の工法です。合板は接着層が雨に弱いからです。この工法に学べるのは、なるべく平面で応力を受けるように設計すること。そしてL字のカドで強度アップを図ることの2点です。

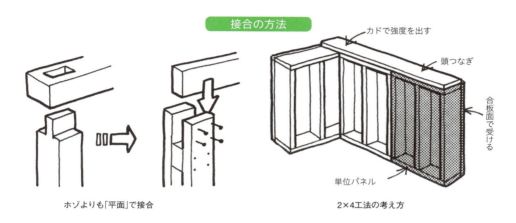

第5章 庭の工作物を作る

さらに具体的な参考になるのは、下図のようなウッドデッキの構造です。下から組み立ての順に見ましょう。まず束柱は束石に置いて腐朽を防ぎます。束石の地上部は高さ10cm以上あれば効果的です。束柱は束石の穴や溝にはめています。アンカー止めを省いているのは、床下に入り込む風量や圧力が少ないため。車庫や東屋では下からの風圧が大きいので、アンカーでの固定が必要です。

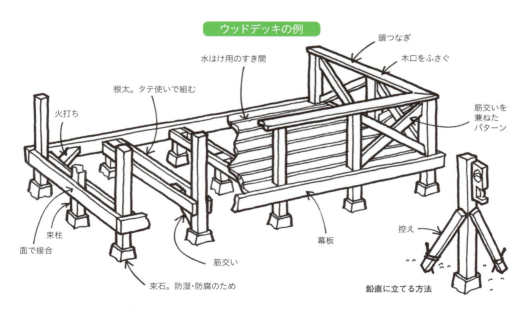

まるごとわかる！庭づくりDIYの基本 195

束柱と根太は平面で打ち付け。板に充分な幅があるので、コーススレッドで締めれば強固な接合になります。フェンス柱の場合は人が寄り掛かるなど、ヨコ方向の力がかかるので「筋交い（すじかい）」を取り付けます。この場合は床下なので目立たずに収まります。水平面の変形を防ぐには「火打ち」です。筋交いと火打ちは工作物のグラつきをなくし、強度を高めます。棒材を主体とした工作物では、強度を出せる平面が少ないので特に重要になってきます。なお柱を鉛直に建てるには、図のように「控え」を打って仮止めします。

床は2×4材を敷き並べて打ち付け。ここは雨に打たれる場所なので、翌日には水が引くように、数mm程度のすき間を設けます。このすき間はデッキの快適さと使い勝手を左右します。床材の木口は幕板に当て、腐朽を防ぎます。

柱の間にはラティス（格子板）や斜め部材を付けて強度を出します。そして柱の上端は板を渡して「頭つなぎ」にします。カド部分がつながれば、格段に強度が出ます。このように、2×4材ならホゾ加工なしで手軽に作れます。

◯ 斜め部材の向き

図はラティス部分。斜めの向きを見てください。ラティスは左上から右下に向かう、S方向の斜めが基本。裏側から見ても同じです。これを90°回転すればZ方向です。もし両方を作品に混在させてしまうと、結構気になります。X形に組んだフェンスも同様です。これらは洋風の場合。和風であればZ方向が一般的です。こちらは和服の胸元の重なり目を「ノ」の字に見立てた慣習です。

和洋で向きが違うことはよく経験します。そういった形式を守ることよりも、実際問題として統一しておかないと、フェンスを組みながら1周した時点で食い違ってしまいます。また隣合う作品同志でもちぐはぐが起きます。資材としてはS方式が多数派。和風の意図でなければ、これに統一しましょう。

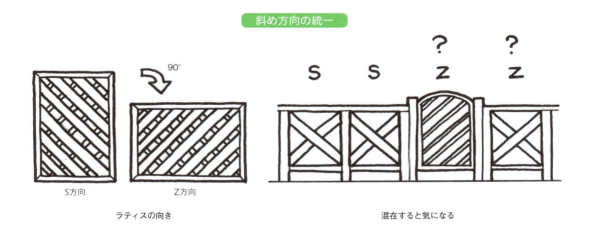

斜め方向の統一

S方向　　Z方向
ラティスの向き　　　　　　混在すると気になる

○ 腐朽を防ぐ

　木材は木口が最も水を吸いやすく、ここから傷み始めます。切り口を斜めにしたり、金属キャップをするのはこの対策です。また地表からの湿気も無視できません。作品の表面にうっすらコケが生えるようなら、湿気対策も必要です。作品の真下部分の地面に養生シートを敷いて湿気を遮断します。そのままではブルーの色が目立ったり、風で飛ばされるので、薄く土をかぶせて石を置きます。

　もし柱が腐ってしまったら、すげ替えも可能です。長めの柱に限られますが、図のように階段状に切ってつなげば丈夫な補修になります。梁（はり）など水平部材も同様にできます。この場合は多方向から応力を受けるので、継ぎ範囲を長くとったほうが安全です。

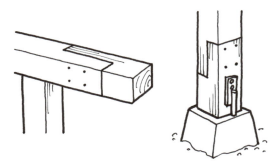

腐朽部分のすげ替え

階段状に接げば丈夫

○ 塗装

　金属と違い、木材に塗った塗料はヒビ割れしやすいものです。木材が水分を吸って伸縮をくり返すからです。カラフルな塗装仕上げの作品は、軒下などの雨を避けた場所に置くか、数年ごとに塗り替えるものと考えたほうがよいでしょう。

　その点では塗料よりも、むしろ木地のほうが耐久性があります。色を施すならステイン（木材用の防虫防腐剤）が適当です。これは塗膜を作らずに染めるだけ。薬剤効果で木材を守ります。主に茶色系ですがグリーンなどの色もあります。

　作品を組み立てた後で塗ると、奥まった場所までハケが届きません。部材の時点で一度塗っておきましょう。図のように部材を転がしながら、木口まで塗ります。すり込むように塗り、タレたらふき取る要領です。組み立て後に、もう一度軽く塗ればきれいに仕上がります。

まとめ塗り

部材の時点で塗る

基本作業 2 鋼材の接合

用意する道具
- ドライバー
- モンキーレンチ
- 電動ドリル
- ハンドタップ

鋼材、つまり金属を使えば、強度も耐久性も高い頑丈な工作物ができます。すでにある車庫やベランダの改造も自由です。金属材料を使いこなすのに、いちばん切実なのは「接合」です。これに話を絞って解説しましょう。

接合の種類

金属同士を針金で止めると、緩みがちで心もとないでしょう。これはやはり応急修理に限られます。いちばん手軽で確実に固定できるのはネジ止めです。図のように、小ネジまたはボルトとナットの組み合わせで締めます。強く締めればガタつきは出ません。雨ざらしの場所では、サビない亜鉛メッキやステンレスボルトが安心です。裏側からナットが当てられないベランダの柱などには、タップでネジを立てます。こうすればフックや棚受け金物も、自由な位置に取り付けられます。強度としては径5～6mmのネジ4本止めが一般的です。そして溶接は金属同士を溶け合わせる方法です。パイプや金属丸棒の接合に便利。焼却炉など加熱される部位にもOKです。溶接の方法はP.200で解説します。

こうして鋼材を使った作品は、塗装でサビを防ぎます。しかしまめに塗り替えができるとは限らないので、厚手の材料を使うのもよい方法です。例えばサビで年に0.2mmずつ薄く細くなっても、10年以上もつ厚さをという具合です。

接合の種類

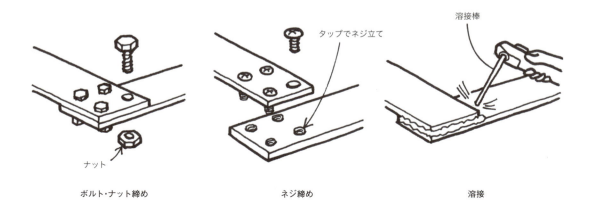

ボルト・ナット締め　　ネジ締め　　溶接

○ ネジ立て

　図はベランダの柱にネジを立てているところです。材質は鉄でもアルミでも同じ要領。そして車庫や外部の階段も同じです。まず最初にドリルで下穴をあけます。下穴径はタップ径ごとに指定されています。下穴にハンドタップを垂直に差し、タップハンドルを回します。ムリに回さず、半回転するたびに戻しながら切り進むのがコツです。タップのギザ刃が全部通過したら、逆回転で抜きます。必要な個数だけあけたら、金物をネジで取り付けます。

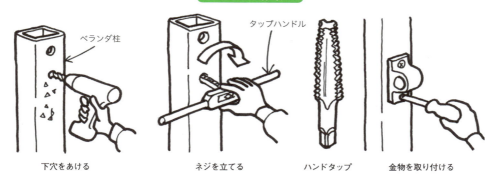

ネジ立て作業

下穴をあける　　ネジを立てる　　ハンドタップ　　金物を取り付ける

○ パイプのネジ止め

　接合しようにも、接触部分が少ない丸パイプはUボルトで固定します。この方法でナットを充分に締めれば、振動や荷重にも耐えられます。少なくとも針金止めよりも数倍は丈夫です。ネジの先端が露出したり、通路側に向く時はケガ防止のために「袋ナット」を使います。この場合はくわえる深さが限られるので、ワッシャの数を増やすか、金切りノコでネジの長さを調節します。

　雨ざらしでは、数年でネジがサビて固着します。取り外す可能性がある場所は、ネジ山にグリスを塗ってから締めるのもひとつの方法です。ただ緩みやすくなるのが困りもの。この場合はむしろ外す時はボルトクリッパでプツンと切るほうが簡単でしょう。

Uボルトの使い方

基本作業 3 アーク溶接

用意する道具
- アーク溶接機
- 遮光面
- ディスクグラインダ

「溶接はプロの作業だから、自分ではとうてい無理」と思っている方も多いでしょう。でも「家庭用」溶接機ならできます。もちろん守るべき注意点はあります。それさえ気を付ければ、鉄板もパイプも鉄筋も自由に溶接可能です。

◯ アーク溶接機の原理

　溶接をするには、母材（材料）や溶接棒を熱で溶かす必要があります。ガスの炎を使うのはガス溶接。放電の火花を使うのが、これから解説するアーク溶接機です。ガス溶接のような資格は不要、そして持ち運びが簡単な溶接機です。電源は交流100Vまたは200V。家庭にあるコンセントやクーラーの電源コンセントからとれます。溶接機はこれを大きな電流に変換。母材と溶接棒に電流を与えます。この電流の方式に直流と交流式があります。家庭用は機械がコンパクトになる交流式です。母材に流れる電流は、溶接棒が近づくとこれらの間で火花（アーク）を出して母材は加熱されます。溶接棒の金属成分は、この火花ないし電子に乗って母材へ飛び移ります。そこでは母材と溶接棒の金属が溶け合った池ができ、冷えれば連続した金属になります。

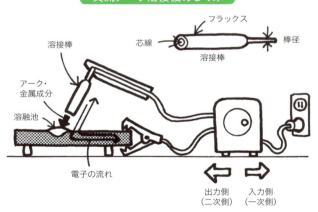

交流アーク溶接機のしくみ

○ 準備

　小型交流アーク溶接機を初めて使う場合、溶接までにどんな準備をするか見てみます。図は作業場の配置例です。まず溶接機本体のアース線を地中に埋めます。電源コード根元の配線は、電源に合った100Vないし200V用に切り換えます。

　次にダイヤルを調節して、入力（電源）側の目盛を30Aなど、使える電流の大きさに合わせます。出力120Aクラスの溶接機であれば、出力側も連動して75Aに、また使用率は20％ほどになります。これは細めの溶接棒径2mmを使うのにちょうどよい電流です。また使用率とはこの場合、10分間のうち2分使って8分休ませるペースで使うという意味。オーバーすると故障の原因になります。

　溶接棒をホルダーにくわえます。径は母材の厚さの1/2〜2/3ほどが目安。装着したら、母材から離して置きます。そしてアースクリップで母材をはさんでアースをとります。この時、母材は板の上に置くなど、地面ないし作業台との間を絶縁しておきます。さらにブロックなどの上に置けば、発熱に対しても安全です。そして重りなどで母材を固定します。これで作業場は準備完了。

　服装もよく見てください。遮光面は、飛んで来るスパッタ（溶けた金属粒）や紫外線に備えるためです。ガス溶接用の溶接メガネでは防御になりません。靴はゴム底。すべての物体は湿気や水分で、電気的に地面とつながっていると考えておきましょう。周りを点検し、ここで初めて電源プラグを差します。

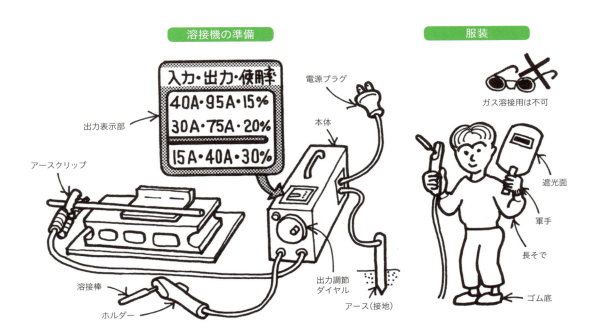

◯ 操作

　電源を入れたらホルダーと遮光面を持ちます。溶接位置の見当を付けたら、遮光面を通してその位置を確かめます。つまり色ガラスの暗さに目を慣れさせます。溶接棒の先端を母材にカチンとたたいて、アークスタートさせます。これはフラックス（補助剤）を崩して芯線の先を出すためです。火花が起きたら先端を母材とわずかな間隔を保って進みます。間隔は2mmの溶接棒なら2mm離す要領。しかしなかなか見にくく、溶接棒はすぐに減るので距離感が狂います。耳で聴いてパチパチと音がする範囲ととらえましょう。遠過ぎれば鈍い音になります。

　溶接棒は進行方向に傾斜させ、小さくジクザグにゆっくり進みます。まずはゆっくり進むことがコツです。速いと玉ができるばかりで溶け込まず、はがれの原因になります。速さが適当であれば、火花の真下に小さな溶融池（ようゆうち）ができます。慣れたらそれを目安にして、必要な幅になるように進みます。これが2番目のコツ。きれいで強度の高い溶接ができます。遅すぎると穴があくので加減と練習が必要です。端まで来たら、溶接棒を離してから電源を切ります。

　くれぐれも通電中は溶接棒や母材、アースクリップなどには触れないこと。感電する恐れがあります。また肉眼で火花を見ないこと。まぶしいだけではなく、強い紫外線で失明または後遺症などの危険があるからです。本人以外に、近くで見ている人も遠避けてください。

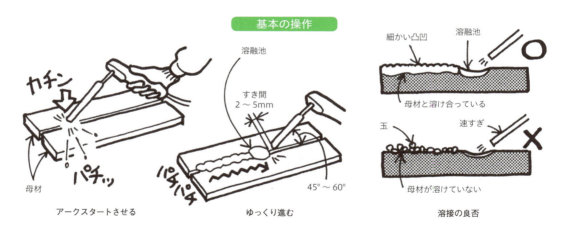

基本の操作

アークスタートさせる　　ゆっくり進む　　溶接の良否

◯ 継ぎ手の種類

　溶接箇所の形や組み合わせはさまざまです。「突き合わせ」は溶接特有の継ぎ手。これでも金属が一体化するので強度が出せます。接着剤では面積が少なくて不可能な接合でしょう。逆に「重ね合わせ」では、広い接触面を溶接することはできず、周りだけを付ける「隅肉溶接」となります。これは母材が冷えやすく、なかなか溶け込みません。ゆっくり溶接して仕上げます。これに対して「フレア継ぎ手」は溶け込みがよく、作業しやすい形状です。これなら溶接棒を往復させて、層状に盛ることも可能。とくに図の場合は材料が自立してくれるので固定がラクです。また丸棒を接合できるのも溶接の強み。これも構成としてはフレア継ぎ手の一種です。同じように厚く盛って丈夫に溶接できます。

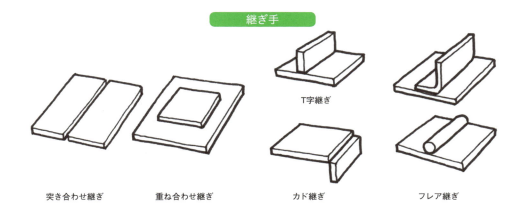

溶接しやすくするために「開先（かいさき）」をとる方法があります。これは母材の溶接箇所をグラインダーで面取りしておく処置です。状態としてはフレア継ぎ手と同じで、よく溶け合って失敗が少なくなります。なお溶接後はハンマーで打って強度を確かめます。

◯ 固定

正確な溶接をするには母材の固定が大切です。間違っても母材を足で押さえながら溶接することはなしです。グラグラしたまま溶接を始めると、それをやりかねません。クリップや重りを用意しておきましょう。ゴムやビニール被覆のクリップやクランプは熱で溶けるので不向きです。また溶接箇所

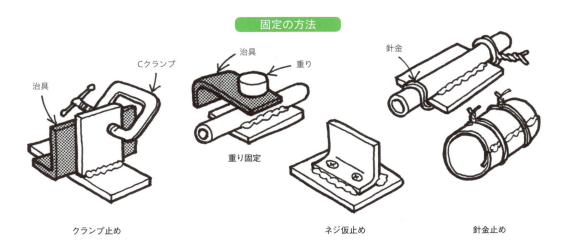

が多い時は、針金で仮止めしておくのも効果的です。全体を仮組みしておけば、個々の誤差が集積していくことも防げます。数箇所が溶接できたら、順にほどいて続きを溶接します。そして頻繁に溶接作業をする方には、図のような治具を自作すれば便利です。プロの作業場では、作業台に鉄板を敷いてアースするのを見かけますが、不用意に火花を出しがちなのでお勧めできません。便利さよりも確実さ。ていねいに固定すれば、溶接箇所の形がよく頭に入り、溶接作業もスムーズです。

◯ 溶接時には十分な注意を

溶接は作業台や、地面に板を敷いた上でできる作業に限定しましょう。上向きの作業はヤケドのもと。工事現場では遮光面のほかにヘルメットなどの重装備で行っている作業です。素人はしないほうが無難です。また建物にアースするのは危険です。ベランダへ金物を溶接するなどがこの例になります。ふいに他の人がベランダに手を触れるかもしれません。事故のもとです。また通電したホルダーを持って脚立を上るのも危険。どこにぶつかって火花を出すかしれません。自分の注意が行き届く範囲で作業するのが鉄則です。

危ない作業

上向きではヤケドする　　建物への溶接は危険

◯ 溶接機の大きさ

小型交流アーク溶接機の大きさは、150 Aや120 Aなど、出力側の最大電流の値で呼びます。この数字では実感がつかめません。むしろ溶接機の入力側がポイントです。家庭のコンセントで使える電流（アンペア）で制限されるから。つまりブレーカーが落ちないアンペア数になります。現実には30 Aが限度でしょう。これを当てはめれば、出力120 Aの大きさが実用的です。購入する方には、このクラスをお勧めします。多くの機種にはダイヤルがあるので、15 ～ 50 Aを自由に調節できます。使い始めて、さらに厚い材料を溶接する必要が生まれたら、電力会社ないし電気工事店に、契約電流や屋内配線の変更を依頼しましょう。

小型交流アーク溶接機の大きさ

定格出力電流	溶接棒径	母材の板厚	使用率	電源の電流／電圧
120 A	1.4 ～ 5.0mm	1 ～ 5mm	10 ～ 40%	15 ～ 50 A ／ 100 V 7.5 ～ 20 A ／ 200 V
150 A	2.0 ～ 4.0mm	2 ～ 7mm	20 ～ 40%	30 ～ 80 A ／ 100 V 15 ～ 40 A ／ 200 V

COLUMN 6 　使いたい道具

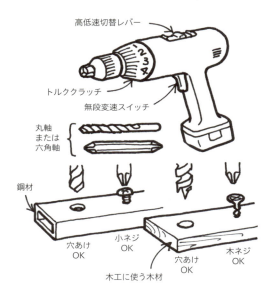
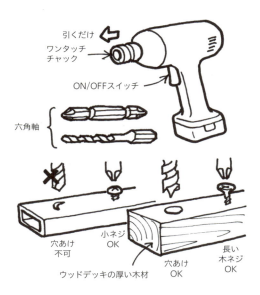

締められる木ネジ長さ

ドライバドリル	インパクトドライバ
9.6V：40mm主体で75mmまで	9.6V：90mm主体で100mmまで
12V ：50mm主体で90mmまで	12V ：90mm主体で120mmまで

ネジ締めにはどちらが便利？

　よく似たこのふたつ。この図にあるように、ドライバドリルは木工用のドリル、インパクトドライバはウッドデッキ用のドライバです。でも両方とも木ネジを締めることができるので、どちらか1台を選ぶ悩みが出てきます。きめ細かく調節するか、それともひたすら打撃でカンカンと締めるか。どちらかをメインにする必要があります。

　決め手になるのは、使う木ネジの長さです。75mmが境目。普段使っているサイズを点検してみれば結論が出ます。また、同じ75mmなら、ドライバドリルの方が静かに作業できて、近隣への迷惑も避けられます。

応用例 1 ベンチとテーブルを作る

用意する道具
- ノコギリ
- ドライバドリル
- ジグソー

まず最初にほしいのがベンチとテーブル。庭でくつろぐにはこれです。でも公園と同じベンチでは落ち着きません。やはり自分の庭固有のスタイルがあるものです。そこに座るのはどんな時、どこを向いて、どんな風に座りますか。

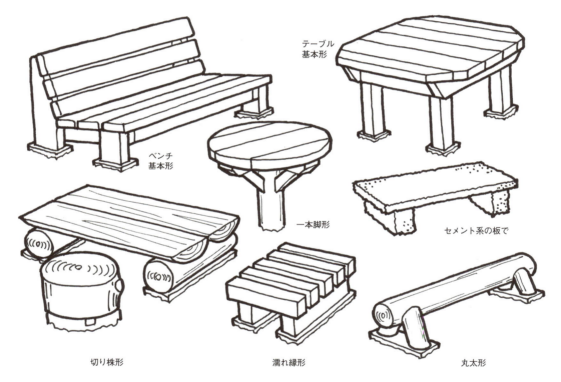

○ ベンチとテーブルのスタイル

　図にある「基本形」のベンチは、背もたれもラクで快適なベンチです。休みの日はここで本を読むと決めている人にはうってつけです。でも庭で過ごしながら、心地よい向きや座り方が見つかるまでには時間がかかります。場所が一定してから作れば最高です。場合によっては、「切り株形」にちょこんと座る感じもいいでしょう。これなら景色や日の当たり具合で、どちらでも向けます。「濡れ縁形」は水切りを優先した形です。雨上がりこそ庭に出たいもの。これなら速く乾きます。「丸太形」はベ

ンチと遊具の合いの子といったところです。ラクではないけれど、庭での座り方は案外これかもしれません。

　テーブルはそれがあるだけで「お茶を飲む場所」というイメージができます。ただそういう機会が多いかどうかは人によります。実際面では、鉢植えの手入れや収穫物の整理もできる作業台であってもいいでしょう。木材の他に、セメント系の平板を使う方法もあります。テーブルは長時間居る場所なので、木陰に置くのが理想です。高さはベンチないしイスに座った時のバランスで決まります。立ち姿勢でも使う作業台であれば、高めに設定します。またベンチ、テーブルとも、脚は直接地面に置かずに、沓石を据えた上に置けば長持ちします。これがウッドデッキの床に置くテーブルとの違いです。

◯ 接合の方法

　いくつか特徴的なタイプについて接合方法を見ます。「ベンチ基本形」はホゾなどの接ぎ手はなく、平面同志の接合です。座面の四角い幕板が強度を出す骨組みになり、そこに脚を取り付けています。そして座板や背もたれの、スノコ状に敷いた板がきしみを止めます。これら表面はクギやネジ頭を出さないこと。そうでないと、座るたびに衣類が引っかかります。ここは下側から2段穴をあけてネジ止めにします。これはネジ長さを届かせる処置です。室内の家具では、表から打ったネジ頭を隠す「埋め木」の手法もありますが、屋外では数年で外れてしまうので避けます。また座板などの体に触れる木口はすべて面取りします。

　脚部分は下端から腐るので沓石に載せます。ベンチの移動が多い場合は軽いプラスチック平板を使うのが便利です。場所が決まっていれば、脚自体をブロックで作る方法もあります。取付ボルトを埋め込む様子は図の通りです。

　テーブルの場合、天板のすき間は物が落ちて困ります。水はけの対策は凹凸を付ける程度です。ついでながら表面は塗装光沢を避け、雨上がりの大きな水滴を防ぎます。この天板を幕板の四角い枠で受け、脚を囲んで強度を出します。安定させるために、脚はなるべく天板の外周付近に取り付けます。

接合の例

ベンチの骨組み　　　ブロックの脚を接合　　　テーブルの幕板

何かの拍子にテーブルに手をついて立ち上がる場合もあるからです。脚は長めに作っておいて、ベンチに座ってから切り直すのが確実です。

◯ 丸太の型取り

　丸太は少しいびつな円筒形なので、接合には苦労します。しかし図のように型取りをすれば、接合面を削り出せます。方法としてはふた通りです。まず曲面同士で組む場合は現物合わせなので、何度も根気よく当たり具合を見て仕上げます。結果として接合面の内部がやや浮いても、外周さえ合っていればグラつきは防げます。うまく当たるまで削ることになるので、部材の長さはやや余裕を見ておきましょう。面が合ったら、コーススレッドを斜めに打って固定します。

　一方、径の違う丸太であれば、平面を作って接ぐことも可能です。浅い穴の縁はノミで削ります。これは平らな接合面が密着するので確実な方法です。また平面部以外は多少すき間があいても問題ありません。

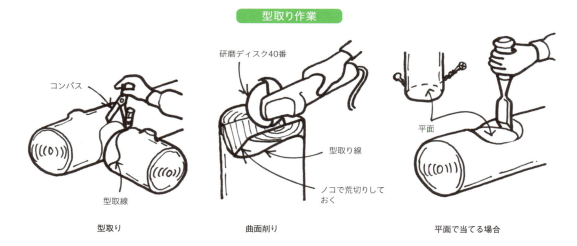

型取り作業

型取り　　　曲面削り　　　平面で当てる場合

◯ 沓石の作り方

　脚を腐朽から守るには沓石。しかし建物と違い、こうした全高の低い作品に沓石が目立っては釣り合いません。せいぜい地上2～5cmの高さに押さえます。沓石は脚の太さより、ひと回り大きいものを探します。ピンコロ、縁石（地先）、そして敷石用平板なども代用が利きます。四つ脚とも水平に埋めます。

　ちょうどいいサイズや形がなければ、コンクリートでも作れます。例にしたのは幹を輪切りにしたイス。これは不規則な円形をそのまま型取りして沓石にします。沓石とイスの間は、アンカーや羽子板ボルトで完全に固定するか、それともズレ止め程度にするかが迷うところです。たまたまこのイスは転がりやすいので、角材を付けて、それごと成形してはめ込みました。

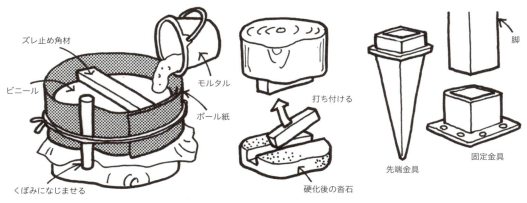

次は1本脚のテーブルを立てる場合。杭のように埋めたのでは腐ります。代わりにポスト金具を使って立てるのもひとつの方法です。沓石にはボルトを立て、地面にやや深めに埋めます。もっとも数年ごとに地中部分をすげ替えるなら、杭方式でも構いません。

〇 ベンチを置く場所

軒下やウッドデッキの上なら、これほどの防腐対策は要りません。ついでに窓からカップを手渡してもらえるなら、それもまたラクで快適です。さらに年数回のことなら、折りたたみのディレクターチェアを取り出してきてもすんでしまいます。つまり一方にはごく簡単な方法もあるわけです。

庭で座るなら、その場所は特等席でありたいものです。ここにあってよかったという具合。ちょうど花見の場所取りにも似ています。そこを探すのが大切です。まずはブロックでも箱でもいいから置いて、その場所をひととき味わってみます。日の当たり具合、木陰の様子、景色のよさ。それしだいで移動して候補地を探します。ベンチ作りを考えるのは、よい場所を見つけてからのことです。作ってしまってからどこに置こうかというのは、なしにしましょう。

ゆっくり場所を選んでから

応用例 2 ウッドフェンスを作る

用意する道具
- ドライバドリル
- ノコギリ
- コンベックス（3〜5ケ）
- 水平器

木製のフェンスなら植物にも似合い、親しみのある庭が演出できます。しゃれたラティスを使ってもよく、板から作るのもまた楽しみ。木材は加工しやすいので、アルミフェンス（P.118）よりも、気軽で自由に作れるでしょう。

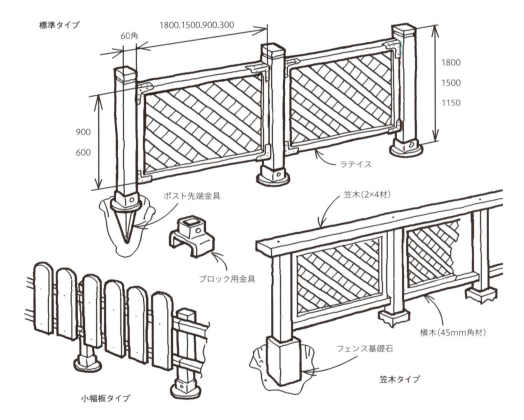

◯ ウッドフェンスの種類

　図の「標準タイプ」は代表的なラティスフェンスで、欧風の雰囲気が好まれています。枠付きのラティスや支柱は寸法が規格化しているので計画しやすく、またフェンス用の取り付け金具も豊富で組み立ても簡単です。

支柱埋め込み部分は、防腐剤を塗った木材でも5年ほどで腐朽して折れるため、専用の用品があります。特にポスト（支柱）先端金具は、基礎組みやコンクリート作業が省けて便利です。杭のように尖っていても、ラティス間隔とずれないように打つのは困難で、普通は全部組み立ててから地面の穴に差します。

「笠木タイプ」は先に支柱を立て、笠木を付けた骨組みにしてから、ラティスをはめる方式です。フェンス基礎石（フェンスブロック）は角穴があいたコンクリート成形品。支柱とのすき間にモルタルを入れて垂直に固定できます。

「小幅板タイプ」のフェンスはかわいいイメージが独特です。板材からの手作りなので、高さや間隔はお好みしだいです。また、傾斜地では階段状に組まずとも、勾配なりのつながりに仕上げられます。手順は支柱が先で、板と横木を組んだものを取り付けます。

◯ 標準タイプフェンスの設置

先ほどの3種類のうち、最初に「標準タイプ」の作り方を見ましょう。まず、地面に支柱の位置を決めます。地面の直線は、支柱外面（道路側）を基準にチョークラインか、または棒きれで引きます。そして、支柱のピッチをとって穴位置の印を付けます。さらに、支柱の頂部位置を合わせる水糸を張ります。

地面には、あとで調節が利くように余裕の穴を掘ります。回す操作でできる穴掘りの道具（「快速穴ほーる」など）が便利です。地中の石に当たった時は、無理せず逆回転と正転をくり返します。小石なら緩んで進みますが、カチンと止まる時は大きい石なので、スコップやツルハシの出番です。

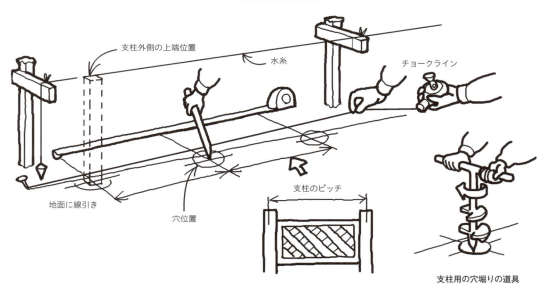

支柱の位置決め

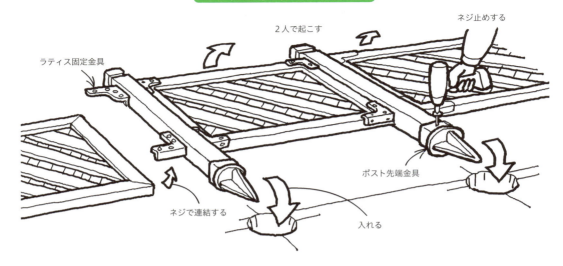

支柱の先にはポスト先端金具をネジ止め。そしてラティス固定金具を介してラティスを取り付け、必要な枚数を連結させていきます。長いフェンスは2〜3人作業で起こして穴に立てます。水糸に支柱頂部を合わせ、穴に土を入れながら棒で突き固めて、揺れが収まったらでき上がりです。

○ 笠木タイプフェンスの設置

こちらは、基本構造を立ててから、ラティスを取り付ける手順です。ポスト先端金具でもできますが、今度は基礎石を使ってみましょう。地面の穴位置は調整代を見込んで、先ほどよりも5cmくらい広めのピッチにします。穴を掘り、基礎石の高さを揃えて垂直に埋め、土を突き固めておきます。

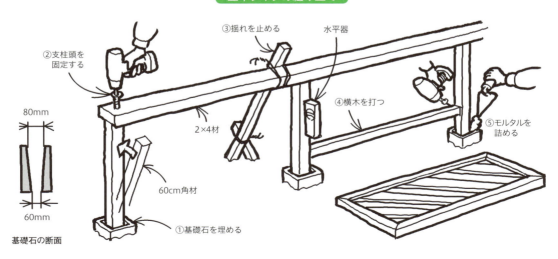

支柱は基礎石と同じピッチで笠木に取り付けます。もし基礎石が等間隔でなくても、同じ長さを笠木に引き写せばＯＫです。基礎石の穴は上広がりなので、傾く支柱を垂直に直し、控え（斜めのつっかえ棒）で笠木を仮固定します。この状態で、基礎石の穴に小石を突き込んで揺れを止め、モルタルを詰めて支柱を固めます。同時に、水の侵入による腐朽も防ぐ処置です。

　２日後、モルタルが硬化したらラティスの取り付け。横木を打ってから、ラティスは左右均等にすき間を設けて取り付けます。

　さて、笠木に使う２×４材には、白くて軟らかい木肌のSPFと、赤茶色で硬いWRS（ウェスタンレッドシダー）があります。WRSは高価ですが、屋外の日照や降雨によく耐えます。また、塗料よりも防虫防腐塗料が長持ちします。

● 小幅板フェンスの設置

　このフェンスは、支柱の間ではなく側面から張ります。そのため、支柱の位置は自由で、埋設物を避けて立てても全体の直線さえ出ていればＯＫです。そのため、支柱は先端金具を使った杭打ち方式もできます。支柱は地上部長さに10cmほど余分に切って用意し、先端金具をネジ止めします。この支柱をカケヤで打ち込み、頂部の割れやツブレは、水糸の高さに合わせて切り揃えます。もし、石や埋設物に当たって止まった時は、位置を変えて打ち直しです。

　小幅板はジグソーで好きな形に切り、横木に並べてネジ止めします。このフェンスは板のある側が表となり、隣地境界に立てれば、常に裏側を眺めることになります。その場合は、板を交互に表と裏から打つのもよいでしょう。また、カラフルな塗装も、耐久性はともかく、このフェンスには似合います。組み立て後では混み入った作業になるので、部材のうちに塗るのもよい方法です。

　板と横木が組めたら、横木は支柱の太さ中央を継ぎ目にして取り付けていけばでき上がりです。いくつかのタイプを見ましたが、庭のイメージや作業の段取りを考え合わせて計画するとよいでしょう。

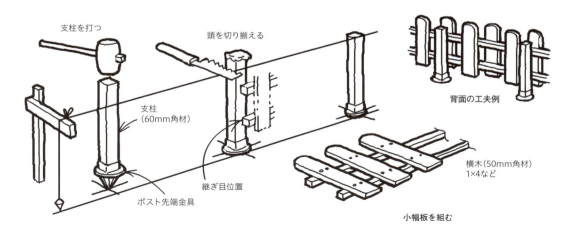

小幅板タイプの組み立て

応用例 3 パーゴラを作る

パーゴラとは、藤棚やアケビ棚のような日除け棚のこと。その下は休憩の場所になります。最近は桁を組んだだけの、開放的なパーゴラも一般的です。どちらがいいかはお好みしだい。庭を立体的に楽しむ工作物です。

用意する道具
- ドライバドリル
- 丸ノコ
- ノコギリ
- 水平器

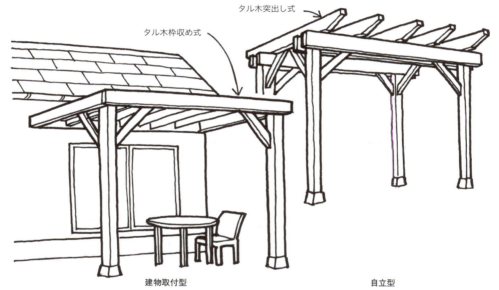

タル木枠収め式　タル木突出し式
建物取付型　自立型

◯ パーゴラの魅力

日差しを避けてティータイム。パーゴラにはそんなイメージがあります。庭の中では、日陰はくつろげる場所です。また上方に向かう工作物の姿が、庭を立体的な景観にしてくれます。そして背が高いものほど象徴性が生まれます。そこに行けばいつものように憩いがあるという場所。その目印です。

パーゴラの位置は建物から離れたほうが、屋外らしい解放感があります。逆に、母屋からちょっと張り出した場所なら、飲み物もすぐ運べる気楽さです。ウッドデッキに組み合わせた例もよく見かけます。これがもし庭の装飾やアクセントとしての表現であれば、奥行を小さく作っても気が利いています。

つる植物を添えるかどうかは、趣味や用途の選択になります。涼しい場所にするのも、日光浴の場所にするのもOKです。植える場合は手入れを前提に。繁茂し過ぎて暗くなっては困ります。まめに日陰の具合を調節していきましょう。

◯ 作り方

　左ページの図はパーゴラの例。4本柱ないし6本柱で、自立させるタイプが基本です。建物に取り付ける方式は、足掛かりがあるだけに手軽にできます。タル木は外側に突き出して軽快に見せるのも、内側に収めて落ち着きを出すのも、お好みしだいです。どれも2×4材をコーススレッドで打ち付けて組み上げます。骨組みがそのまま外形なので、少ない部材でムダなく強度を出すことが大切です。どんな接合で組むか、主にタル木が突き出した「自立型」を中心に見ます。

【柱と梁の組み立て】

　まず柱は束石の上に立てます。鉛直に仮固定するには、図のように控えをとる要領です。そして水平器で確認し、柱を羽子板に止めます。

　柱に梁を差し渡して取り付けます。直角に組むためには、大矩（おおがね）を当てるのが便利です。グラグラした部材を止める作業なので、2人作業がベストです。ひとりで組み立てるには、補強金物で位置決めにするとよいでしょう。なるべく内側など、目立たない場所に付けます。再度水平器で点検。接合はコーススレッドで4本止めです。いっぺんに止めるよりも、1～2本止めては全体の直角を見るようにします。梁で四方を囲めば、作業もひと区切りです。しかしまだ柱を押せば狂うので、揺らさないように。

組み立て作業

柱を立てる　／　梁を取り付ける　／　金物を使った例

羽子板／大矩

【筋交い・火打ち】

　控えは梁と柱の間に取り付け直します。水平器を当てながらたたいて矯正。すべての鉛直と直角を出すのですが、完璧はあり得ません。組み付けのズレは段差を削り、角度の誤差は左右対称に配分するなどして散らします。一箇所に目立つ段差ができたり、全体が傾くことだけを避ければOKです。

　ここで筋交いを取り付けます。じゃまにならない範囲でなるべく大きくしたいところです。コーススレッドの斜め打ちはズレやすいので慎重に。

次は火打ちの取り付け。これは天井面のカドがひし形に歪むのを防ぎます。なるべく筋交いの接合場所近くに設けたほうが、強度上は有利です。筋交いと火打ちが付けば、グラつきはぴたっと収まります。ここで控えは外します。

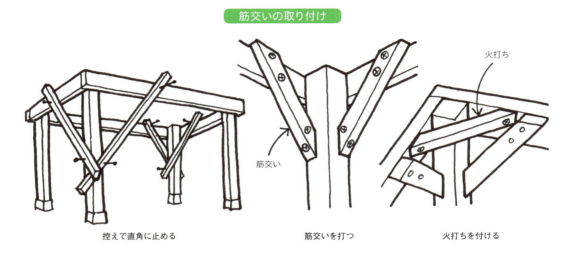

筋交いの取り付け

控えで直角に止める　　筋交いを打つ　　火打ちを付ける

【タル木】

　タル木の間隔は、2×4材の場合で30cmくらいが自然です。これは好みによります。ただこれ以下では、修理の時にすき間から体を上に出すことができません。接合は梁とタル木のタテ断面が重なるので、コーススレッドを斜め打ちにします。ここはできれば切り欠きで組むか、転び止めの板を打ちつけます。厳重な感じですが、将来改造する場面になればここも足場になります。丈夫にしておきましょう。また片側を家屋外壁に取り付ける構造では、切り欠きを設けた「タル木掛け」を打ち付けてから、それにタル木をはめて打ち付けます。

　つる植物を這わせる場合はこのような平行棒だけでは、つるが下に垂れてしまいます。タル木の上にさらに桟木を渡します。これも30cm間隔。35mm角以上の角材なら人が乗れます。

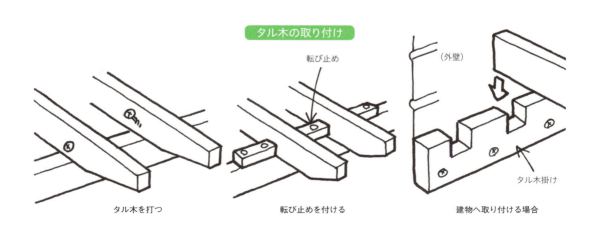

タル木の取り付け

タル木を打つ　　転び止めを付ける　　建物へ取り付ける場合

【フジ・ブドウの固定】

　つる植物は中央に植えれば、四方に広がって理想的。しかし日常を過ごすのに不便です。柱のすぐ内側に植えます。棚の内側から上につるを出させ、棚の上を這わせます。風に備えて、50cmごとにシュロ縄で固定していきます。つるの種類は、花や実が垂下がるものが選ばれます。フジ、ブドウ、キウイなどです。どれにも虫はやってくるので、消毒は欠かせません。年に1回の手間ですが、この作業を省きたい方は植物ではなく、日差しの強い季節だけヨシズを張るのでもよいでしょう。

つる植物の固定

◯ 車庫をパーゴラに

　車庫の屋根を改造すれば、つる植物でおおうことができます。これならかなり大きなパーゴラです。しかし当然ながら雨が降れば滴が落ちてきます。これは長所・短所とも半々です。普段場所をとっている車庫ですが、雨の時は乗り降りに助かる「車寄せ」の役目。また雨天の作業場所がなくなるのも惜しいでしょう。一方ボディの保護としては問題ありません。クルマの汚れは風が運ぶ土ホコリが主なので、もともと防止効果はありません。他に気になるのは虫のフンくらいです。

　パーゴラに改造する場合は、まず屋根材をはがし、ステンレス巻パイプを30cm間隔に取り付けます。接合はUボルト。さらに細いパイプを針金で格子状に固定します。アーチ形の車庫は、パイプを曲げるのが大変。誘引ネットで代用してよいでしょう。

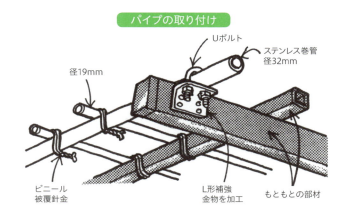

パイプの取り付け

応用例 4 石焼いも用の釜を作る

用意する道具
- ジグソー
- アーク溶接機
- 曲げ機

空き缶と溶接機で作る、石焼いもの釜。いもを焼くしくみは本物と同じです。だから香ばしい本格的な味。庭で作る、焼く、食べる、のどれもみな楽しめます。イベント用にはドラム缶の大型サイズもどうぞ。

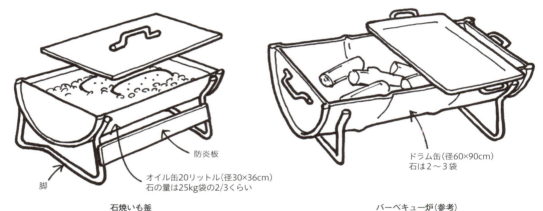

石焼いも釜 — オイル缶20リットル(径30×36cm) 石の量は25kg袋の2/3くらい／防炎板／脚

バーベキュー炉(参考) — ドラム缶(径60×90cm) 石は2〜3袋

○ 釜の作り方

　上の図は、左側が石焼いものための釜です。材料は20リットルのオイル缶。1回に、いもが5本くらい焼けるサイズです。右はドラム缶で作ったもの。石焼いもなら20本焼けるイベント用です。図ではバーベキュー用にしてみました。

　20リットル缶をもとに、釜を作ってみます。空き缶は行きつけのガソリンスタンドか修理工場で分けてもらいましょう。まずジグソーで空き缶を半分に切ります。耳栓をお忘れなく。そして切り口はケガのもとなので折り返します。

　脚は鉄丸棒を曲げて作ります。あらかじめロープで脚の形を型取れば、必要な長さがわかります。丸棒の径は9mmくらい。曲げ機で折り曲げます。曲線部とカド部が隣接しているところは曲線部が先です。2本ともできたら、脚を空き缶に取り付けます。薄い缶は溶接で穴があきやすいので、厚い巻き込み部分に溶接します。もう一方の脚はガタ踏みなく接地するように位置決めします。防炎板は薪が燃えている最中に釜に近づくための鉄板。補強も兼ねて溶接します。

　フタは厚手のトタン平板で作ります。缶よりひと回り大きく切って縁を折り曲げます。そして取っ

第5章 石焼きいも用の釜を作る

釜の制作

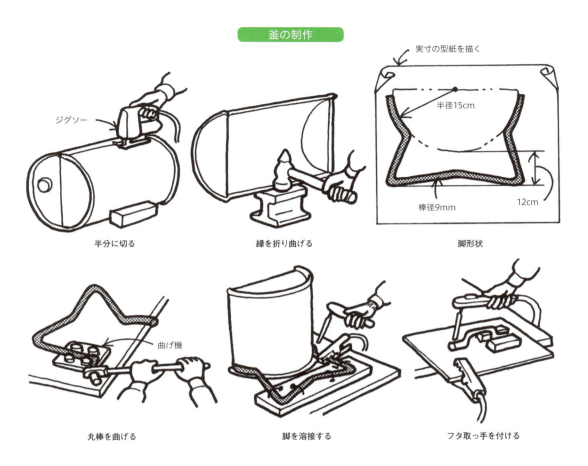

半分に切る　　　縁を折り曲げる　　　脚形状

丸棒を曲げる　　　脚を溶接する　　　フタ取っ手を付ける

手を溶接してできあがりです。木フタにする場合は、燃えないように、缶の内側に入る「落としフタ」にします。

一方、ドラム缶で作る釜ないし炉は鉄板が厚いので、縁はバリ取りだけでOKです。また引火性の内容物が残っているので、充分に水洗いしましょう。

さて釜ができたところで、いもを焼く準備。石は「大磯3分」です。これは産地名と寸法による名称です。卵形で、熱してもめったに割れません。他に必要な道具は、かき板と革軍手くらいです。薪を燃やすこと2時間。ひたすら石を熱します。途中で石を数回混ぜて温度ムラをならします。石が熱くなったら、いもを埋め、20分で焼き上がります。いもはアルミホイルに包まないこと。香ばしさこそが石焼いもの風味だからです。

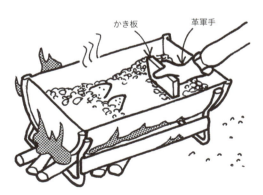

時々石をかき混ぜる

応用例 5 アーチを作る

花で飾るアーチ。シンボリックで魅力的な工作物です。それだけに、庭にぴったり合うものがほしくなります。市販もされていますが、それで物足りない場合は場所や用途に合わせて、自分で作ることもできます。

用意する道具
- ディスクグラインダ
- 曲げ機
- ワイヤブラシ
- アーク溶接機
- ハケ

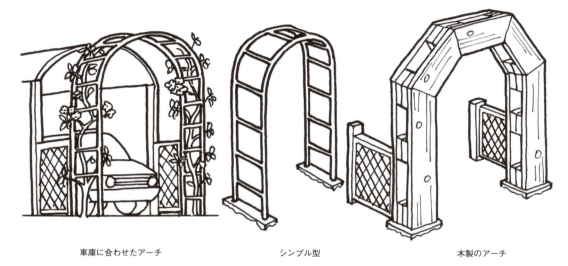

車庫に合わせたアーチ　　　シンプル型　　　木製のアーチ

◯ アーチの役目

　アーチとは弓形の門。本来は庭の間仕切りを抜ける、通路の目印といった役目です。そのために植物で装飾し、庭を引き締めます。花壇のある主庭と、菜園や家事スペースとを仕切る考え方です。ですから、ここをくぐれば用途や雰囲気が違う「別の空間」という表現ができれば最高です。それができる庭であれば実現しましょう。そしてこれが長くなればトンネル。さらに間仕切りと関係なく、単独で立てればタワーとも呼べます。立体的に飾れるアーチはやはり魅力です。カッコよく仕上がれば、どれでもいいのかもしれません。

　鉄丸棒やパイプ製のアーチは市販の製品。車庫の前に置くなど、大きいものは自作になります。木製のアーチとなると、やはり「門」の意味合いでしょう。ここではつる植物を楽しめる、鉄丸棒のタイプを作ります。

◯ アーチの大きさ

径9mmの鉄丸棒を溶接してアーチを作ります。図は大きさを検討した例です。高さと幅は人が通れる寸法。あまり高いと、手入れのたびに踏み台が必要になります。奥行は強度が出るように30cm以上とります。植物の繁茂を考えれば、60cmほしいところです。図の場合、逆U字の支柱部分は1.8mの鉄丸棒を3本つなぐ勘定になります。さらに奥行を延ばしてトンネルにする場合は、このU字部材を増やします。

アーチの寸法(m)

1.57 / 2 / 1.5 / 1.5 / 1 / 0.2 / 0.3以上 / 地下0.2
桟　支柱
支柱1本＝約5m

◯ 植物の誘引

ここにつる植物を植えれば、パーゴラと違って、花は上に向いて咲く種類でも楽しめます。両側に植えて上に伸ばすのが普通ですが、頂上まで来ると行き止まりでボサボサ頭。毎年秋口には、1年に伸びる長さを見込んで3～6合目で切り戻します。ただし2年目の枝だけに花が付く種類は手加減も必要です。

桟を増やせば、つるは這い上りやすくなります。巻き付いて上るタテ棒も必要です。ただ、この間隔はつるの種類によって違うので、ナイロンの誘引ネットを取り付けるのが便利です。成長が速い種類はひし形のネットがよいでしょう。

上に伸びるままでは花が咲きにくく、または頂上に上り詰めないと咲きません。なるべく蛇行させて、幹がヨコに向かう距離を増やすのがコツです。

誘引の方法

アケビには誘引ネット

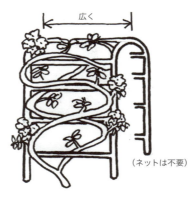

ツルバラはジグザグに

頂上に届くと乱れる

◯ アーチの作り方

鉄丸棒材のアーチを作ります。丸棒の接合には溶接が最適なので、アーク溶接の作業場面を見ましょう。高い電流を扱うので慎重に行ってください。

アーチの制作

【部材を切り出す・曲げる】

　径9または12mmの鉄丸棒を用意します。売り場では、ゴツゴツの異形鉄筋のそばにある、ストレートの鉄筋です。描いた図面から部材寸法を拾って、金切りノコまたはディスクグラインダで鉄丸棒を切ります。切り口のバリは早めに取ってケガ防止。支柱の継ぎ足し部分は、曲げ機で径の分だけ段差状に曲げます。これで中心線は真っすぐ通ります。頂上の半円部分は押して曲げます。

　桟は念のため、突き合わせではなくL形に曲げて溶接代を増やします。平行線の間に収めるので、曲げ終わった部材は同一寸法に揃わなければなりません。曲げながら寸法を合わせ込むのは困難です。それよりも、切り揃えてから正確に一定の箇所を曲げ機に当てていくほうが、結果としては揃います。微妙な誤差はグラインダ仕上げ。また溶接箇所はワイヤブラシで防錆剤をはがしておきます。

【支柱・桟を溶接する】

　支柱の継ぎ足し部分は針金で仮止め。角材を枕木にし、地面から浮かして絶縁します。そして支柱にアースし、電源ON。すき間に沿ってゆっくり溶接します。端まできたらOFF。ニッパーで仮止めの針金を切ります。溶接部から20cm以内の鉄部は熱いので、そこは手を触れないように。ここで支柱の裏側からも溶接します。継ぎ足し部分をすべて溶接できたら、ハンマーで検査します。

　次は桟。1箇所ずつ固定と溶接をくり返すと、そのたびに溶接歪みや組み立て誤差が起き、最後は形が収まりません。そこで全体を針金で仮組みし、枕木と木杭で形状を保持させます。アースして電源ON。すき間を溶接したらすぐに電源OFF。さっきと同様に針金を切って、熱いうちに裏側を溶接します。アーチの内側に入る時は、背後が鉄部に接触しないように注意しましょう。

　溶接箇所は冷えるに従い、溶融部分へ吸い込まれる向きで部材が歪みます。板厚にもよりますが、例えば角度90°の隅なら冷めると89°くらいに狭まります。精度を要求する場合は91°など、変形を見込んだ固定にします。ここでは熱が残っているうちに、表裏両面から溶接することで相殺しています。

【塗装する】

　溶接箇所のカスや凹凸は、研削砥石を付けたディスクグラインダで滑らかにします。そしてブラシで水洗い。油分には洗剤も使います。乾燥したら、水性または油性鉄部用塗料でハケ塗りします。サビやすい箇所は、接合部付近の狭いすき間。そして地上と地中部の境目。ここは厚塗りしましょう。地下5cmより下は塗らないほうが、モルタルの接着力が効きます。

【建て込む】

　アーチが風で倒れないように、丈夫に建てます。まず脚の位置に合わせて、地面にフェンスブロックを埋めます。支柱はそこに差した状態で鉛直を出して、杭で仮止め。穴にはモルタルを流し、細棒でよく突き込みます。翌日、誘引ネットを張ります。ナイロンロープで要所ごとに縛ってできあがりです。

応用例 6 収納ラックを作る

庭で使う道具や肥料はいろいろ。作業している近くに置ければ便利です。すぐに取り出したいものだけを1セット。そんな手軽なラックを作ってみましょう。ここでもやはり、自分の作業にぴったり合ったものを工夫します。

用意する道具
- ジグソー
- ドライバドリル
- ドライバー
- カナヅチ

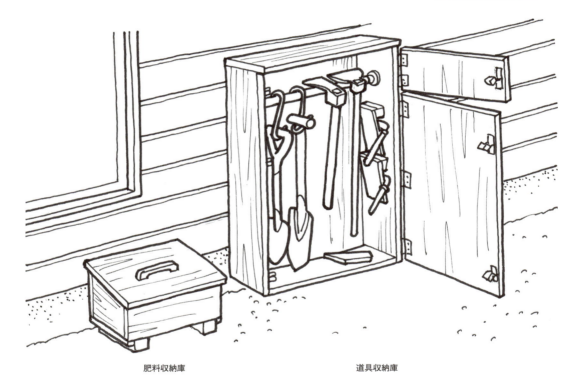

肥料収納庫　　　　　　道具収納庫

● 園芸道具の収納

　図の右、道具の収納庫から見ていきます。建物の外壁やサイディングに取り付けるラック。中にはおなじみのスコップやクワが入ります。これらは意外と物置に入れにくい道具です。タテヨコに向きを変えても取り出しにくいので、吊るすのがいちばんです。しかし道具の定位置にはめ込む几帳面な収納では長続きしません。もっと自由でずぼら管理ができる、自由な引っかけ収納にしました。

　このように引っかけて吊るすのは、基本的に不安定なもの。扉を開けたとたんに倒れてきます。そ

れを押さえるための2枚扉です。両方の扉を同時に開けなければ安全です。パイプは手摺り用の径32mmでも、細い19mmでも構いません。サイズが豊富なパイプ受けソケットで取り付けます。クワは引っかけるだけ。スコップはS字フックをちょっと曲げなおして吊るします。パイプの範囲ならどこでも吊るせ、道具が増えたり変わったとしても対応できます。

カマは刃物なので、ぴたっと固定。カマの大小が入れ替わって入ってもいいように、クサビ形のすき間は大きめです。この収納庫の部材は広幅の板が必要です。ここでは軒下に取り付けるのを前提に、ベニヤ合板としています。

◯ 道具の寸法に合わせる

収納庫の寸法は、ここに入れる道具の寸法をすべて測ってから決めます。園芸用の道具はたいがい約35、100、160cmといった3種類になります。それを収納庫の中で3区画に配置すれば納まります。各区画については、実際の道具の最大値が基準です。そして将来に道具が1〜2本増えてもいい余地を設けます。寸法の実感をつかむには、S字フックを用意して、物干し竿に道具をかけてみるのが確実です。必要な幅と出し入れの余地寸法がわかります。ただしこの状況はかなり不安定で危ないので、手早く終わらせましょう。

区画を割り振ったら、余りの部分は小物入れです。サビ止めの油や、手入れ用のササラ、手製のヘラなども入ります。なお、外壁目地を狙っての打ち付けや、合板特有のヒンジ取り付け方法については下図を参考にしてください。

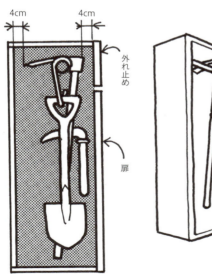
収納状態　　　道具がからまると…

目地に木ネジを打つ

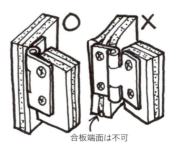
ヒンジの取り付け

防犯のために

　刃物も入っている収納庫というのは物騒なので、カギを付けましょう。しかし施錠を忘れがちです。そんな時の安全策として、電池式のドアチャイムをお勧めします。これはもともと玄関に付くものなので、音に慣れるまでは妙な感じです。でもメロディが違えば混乱はありません。安価で、取り付けは両面テープという簡単さ。電池は1年以上もちます。扉2枚分をひとつですますには、図のような位置に貼り付けます。これで道具をしっかり保管できます。

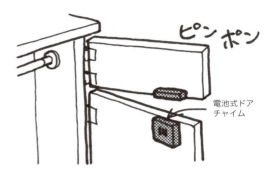

チャイムの取付位置

ピンポン

電池式ドアチャイム

肥料・セメントの収納

　もうひとつ手近に置きたいのが、肥料やセメントの重たい袋。これは物置の棚にズルズルと押し込むのも、下になった袋を引っぱり出すのも大変です。通路に置いたらじゃま。使い勝手がいいのは、庭の平らな場所に積み重ねて、養生シートをかぶせる方法です。しかしこうなると、まるで工事現場のようです。

　使い勝手のよさをそのままに、見た目をよくしたのが図の収納庫。これもベニヤ合板で作って、軒下に置きます。開閉は扉式ではなく、箱全体を持ち上げて使います。手摺り風の丸棒は袋の崩れ止め。そして積み上げる時に、はみ出しを防ぐ目安です。湿気止めには縁石を置き、さらに地表にはビニールを敷きます。

　庭の作業をしていれば、あれもこれもと工夫したくなります。そうしたアイデアを盛り込んでいけば、またさらに庭が楽しめます。

肥料・セメント収納庫

鉄丸棒　縁石　ビニール

使用状態

雨を防ぐ構造

あとがき

　庭でしたい工事のほとんどを解説してきましたが、楽しめましたでしょうか。そして手応えはいかがですか。これだけの工事をいっぺんに行うことはまれでしょう。でも庭をいじっていれば、結局はここまでやりたくなります。

　この本では樹木の潤いと、工作物による使いやすい庭を目指しました。もし庭木だけを大切にすると、目は庭園の整然さに向かってしまい、また工作に夢中になると作品単体のでき映えを追いがちです。いずれも同じ庭に実現させることなので、両方を融合させて、庭の心地よさにまとめていきたい。これが動機でした。

　内容は庭の完成形よりも、実際の作業が最重点です。その結果、剪定ハサミや左官コテ、そしてグラインダまでが次々登場する、一風変わった本になりました。庭の使い方は移り変わるものですし、植木も工作も、やってみないと自分に合った庭が見えてきません。となると、どんなきれいな庭ができるかという完成の姿よりも、切実なのはどうしたらできるのかです。それでこのような、土やセメント作業からの具体的な解説にしています。私自身もプロの作業を見ながら、自分で試してできないことは、できる方法に置き換えて楽しんできました。セメントを練り、そして植え替えをすれば、ブロック塀や剪定も始められるし、わかるようになります。まずは道具を持って始めてみてください。

　作る過程を楽しむのが自分の庭です。どんな庭でも、絶えず変わっていっても、自分で作っている庭は最高に楽しめます。そして自分だからこそ作りたいものがわかり、変更もできます。そのためにモデルとなる寸法や、材料の必要量などは最小限にしました。それを自分で計画するのが、いちばんおもしろいからです。じっくり取り組んでいきましょう。

　安全には充分配慮して作業してください。高所、刃物、電気。気をつけなければならないことはいろいろあります。準備や点検は大切です。作業のイメージをよくつかんで、自分に合った方法を選びましょう。そしてムリのない作業で、大いに庭を楽しんでください。

INDEX
索引

あ

項目	ページ
アーク溶接	200
頭つなぎ	196
圧着工法	106
荒木田土(あらきだつち)	58
アンカー	87
安全帯(あんぜんたい)	163,171
生垣	176
石垣	48
インスタントセメント	71
インターロッキング	128,130
インパクトドライバ	205
植え替え	142
ウッドデッキ	195
馬踏み目地(うまふみめじ)	89,103
大矩(おおがね)	97

か

項目	ページ
かき板	39,43
カケヤ	47
笠木(かさぎ)	92
型枠(かたわく)	84
金テコ(カナテコ)	47
矩端(かなば)	104
空積み(からづみ)	48
刈り込みハサミ	165,169
基準出し	81
基礎	33
木ハサミ	168
切り詰め剪定	160
切り土(きりど)	30
草削り	46
クシ目	79,108
沓石(くついし)	36
グレーチング	64
化粧結び	179
化粧目地	104
ケレン	94
現況図	24
剣スコップ	46
建築基準法	88,193
勾配定規	39
骨材(こつざい)	72
コテ板	75,111
混和剤	71

さ

項目	ページ
沈み目地	99
自然樹形	156
地縄(じなわ)	81
車庫	217
地山(じやま)	30
ジャンカ	94
重量ブロック	89
樹冠(じゅかん)	140
樹脂セメント	71
シュロ縄	179
人工樹形	164

心	141
水平器	47
水和反応	70
透かし剪定	174
すげ替え	197
筋交い(すじかい)	196,216
ステイン	197
捨てコンクリート	85
砂目地	130
素掘り	58
墨出し	33,81
スランプ値	74
寸胴仕立て(ずんどうしたて)	174
せき板	78,84
セグメント	113
接着貼り	108
セパレーター	85
剪定ハサミ	168,189
ゾーニング	26
外芽	160

た

堆肥	152
ダイヤモンドホイール	113
高枝ハサミ	162,169
タガネ	113
タップ	199
玉石(たまいし)	50
玉作り仕立て	165
溜枡(ためます)	60
タル木	215

チョークライン	47
2×4材	194
突き棒	37
土決め(つちぎめ)	36,147
積み上げ貼り	104
つる植物	217
ツルハシ	46
ディスクグラインダ	113
唐クワ	46
動線(どうせん)	25
通し目地	89,103
土留め(どどめ)	44
ドライバドリル	205
ドライモルタル	131

な

苗木	141
中塗りコテ	110
ナマシ番線	148
波形刃	113
逃げ墨	83
2段穴	207
2連ハシゴ	163,170
根切り	175
根杭(ねくい)	148
根巻き	144
根回し	143
飲み込み	104

は

パーゴラ	214

パサトロ	74
白華現象（はっかげんしょう）	125
ハツリ	94
半ペン	101
半マス	101
火打ち	196,216
控え壁	89
平目地	100
ヒンジ（ヒジツボ）	126
ＶＵ管	60
フーチング	84
フェンス	118
腐朽菌（ふきゅうきん）	194
普通ポルトランドセメント	71
不同沈下（ふどうちんか）	122
ブロックコテ	110
ベンチマーク	82

ま

薪（まき・たきぎ）	188
薪割り	190
幕板	196
曲げ機	92
混ぜ垣	178
実生（みしょう）	180
水決め	147
水勾配	60
水貫（みずぬき）	83
水盛り	82
目地コテ	111
目安杭	63
盛り土（もりど）	30
モルタル	72

や／ら／わ

八つ掛け	148
柳刃コテ	110
遣方杭（やりかたくい）	81
U字溝	64
Uボルト	199,217
ヨウカン	101
横筋ブロック	89
ラティス	210
乱敷き	129
レイタンス	95
レーキ	46
レンガコテ	110
ロープ	171,185
笑い目地	117
割り付け定規	103

● イラスト	荒井 章
● カバー・本文デザイン	リブロワークス
● 印刷	ルナテック

◆著者紹介

荒井 章（あらい・あきら）

DIYライター、DIYアドバイザー。キャッチフレーズは「何でも作ろう、直そう、やってみよう」。1954年生まれ。工業デザイナーや雑誌編集者を経て、DIYアドバイザーの資格を取得。工作を専門とした執筆活動を続けている。祖父は植木屋、両親も植物好きの家庭に育ち、少年の頃から植木の手入れや庭づくりに親しむ。庭好きが嵩じて庭師の仕事や造園工事の現場を訪ね歩くことも。専門の工作分野と組み合わせた、作る過程を楽しむ・自分でやる庭づくりを提唱し、そのための情報を発信し続けている。
著書に『フリーソフトJw_cadでラクラク木工製図』『なるほど解決！木工Q&A』『電動工具完全使いこなし術』『自分でできる家電・日用品の徹底修理術』『居心地のいい椅子』ほか

まるごとわかる！
庭づくりDIYの基本

2016年12月 2日　初版第一刷発行
2022年 4月 8日　　第四刷発行

- 著　者･････････荒井　章
- 発行者･････････澤井聖一
- 発行所･････････株式会社エクスナレッジ
　　　　　　　　　〒106-0032　東京都港区六本木7-2-26
　　　　　　　　　https://www.xknowledge.co.jp/

- 問合せ先･････････編集　TEL 03-3403-5898 / FAX 03-3403-0582
　　　　　　　　　販売　TEL 03-3403-1321 / FAX 03-3403-1829
　　　　　　　　　info@xknowledge.co.jp
　　　　　　　　　※本書内容についてのご質問に対する電話受付／電話回答はおこなっておりません。ご質問をFAXしていただくか、上記メールアドレス宛にお問い合わせください。

- 無断転載、配布の禁止
　本書掲載記事（本文、図表等）と収録データを当社および著作者の承諾なしに無断で転載（翻訳、複写、データベースへの入力、インターネットでの掲載等）、配布することを禁じます。

©Akira Arai 2016